D0844137

VI2039

Traducción de Julia Osuna Aguilar

MALPASO

BARCELONA MÉXICO BUENOS AIRES NUEVA YORK

/ Diputación, 327 Ppal. 1.ª
8009 Barcelona
ww.malpasoed.com

ítulo original: *Thug Kitchen: The fficial Cookbook: Eat Like You Give a F*ck*
SBN: 978-84-16420-53-7
epósito legal: DL B 11719-2016
rimera edición: octubre 2016

mpresión: Novoprint
iseño de interiores: Sergi Gòdia
aquetación y corrección: Àtona Víctor gual, S. L.
magen de cubierta e ilustraciones nteriores: © Nick Hensley Wagner

No hay que tener miedo al fracaso.
En la cocina hay que atreverse con todo.

Julia Child

ÍNDICE

atrévete a come

de puta madre

¿De qué coño vamos?

Este libro es un toque de atención, una voz de alarma para que espabiléis de una puta vez. Para que no paséis de las verduras y las frutas. Para que paséis de la boñiga rápida. Este libro es para quienes aspiran a currárselo mejor, pero se pierden con tanta chorrada.

Bienvenidos a *Cocina canalla*, cabrones. Hemos venido al rescate. Sólo queremos que disfrutes a golpe de hortaliza y tengas una vida más sana. Nuestro lema es sencillo:

USA LA CABEZA: ATRÉVETE A COMER DE PUTA MADRE.

Veamos. Comes tres veces al día, demasiadas para que te lo tomes a broma. ¿Pero por qué la transición entre la comida basura y la comida casera parece un puto infierno? Tal vez sea porque la gente que te dice cómo se cocina sano parece más falsa que Judas. Un aura de elitismo rodea la buena comida y mucha gente acaba asociando salud con dinero. Cuando nosotros aprendíamos a cocinar, no nos identificábamos con esos blogueros, tan estupendos ellos en sus cocinas de la hostia, que cantan las excelencias [se tiran el moco hablando] de una polenta al hinojo mientras remueven salsas cargadas de trufa.

QUE LES DEN. Nosotros vivimos en el mundo real.

No necesitamos teorías para explicar por qué la peña se tira a los precocinados en vez de a la comida casera; por ahí ya hemos pasado. Nos hemos criado como casi todo el mundo: las cenas nunca tardaban más de diez minutos en calentarse, con la carne siempre como estrella invitada y queso por un tubo. Comíamos porquería sin darle más vueltas porque estábamos convencidos de que la comida era eso y punto. Con nuestros padres atareados en el trabajo y nuestra atención puesta en las Tortugas Ninja, no nos molestamos en aprender a cocinar. Era la época en que las empresas coloreaban el kétchup de morado y turquesa en las putas campañas publicitarias; en las bolsas de patatas fritas se cubrían las espaldas avisando de que el aceite podía causar incontinencia rectal. Menuda mierda, ¿verdad? Eran días tenebrosos para la comida. Creíamos no tener ni tiempo ni dinero para aprender a cocinar de verdad e ingeríamos cualquier bazofia tan ricamente. Así que no, nosotros tampoco nos criamos en las cabañitas de una comuna jipi. Somos tus vecinos de al lado, sólo que, en algún punto del camino, aprendimos a comer bien. Y tú

también puedes. El movimiento se demuestra andando, o no sé qué parida. Da lo mismo: muévete.

A lo mejor ya le has metido mano a la cocina, pero las verduras siguen quedando fuera de muchos de tus platos. Los vegetarianos tienen una mala prensa de la que todavía están intentando librarse. Os entendemos. Cuando los pijos modernitos estaban descubriendo los germinados y las ortigas, nosotros seguíamos en el páramo de los guisantes congelados y la lechuga iceberg. No sabíamos cocinar hortalizas sin que supieran a calcetín sudado, por eso pensábamos que los vegetarianos eran unos charlatanes. A ver: cocinar verdura requiere algo de tiempo y un poco de destreza, pero no es astrofísica, no jodamos. Es más fácil rehogar berza con un poco de ajo que comerse un trozo de pizza sin achicharrarse la lengua. Pero nunca lo habíamos intentado.

Mientras aprendíamos a hacer todas las pendejadas [chuminadas] de adulto (conducir, pagar impuestos y comprar aspiradoras), empezamos a preguntarnos por qué rehuíamos la cocina y las comidas de verdad. A ver, estaba claro que habría que currárselo, quemar alguna mierda que otra y cargarse más de una cena, pero merecíamos algo más que una patética empanadilla congelada. Sin prisa pero sin pausa comenzamos a instruirnos por nuestra cuenta en el arte de comprar sin despilfarro y de hacer comidas sencillas y sanas. Cuando tomamos la iniciativa y no nos dejamos distraer por la tele, nos fue de puta madre. Nuestros amigos se asombraban con los platos más simples que les preparábamos y no podíamos dejar de pensar: ¿cómo coño es posible que no sepa hacerlo todo el mundo? No es tan difícil, colega. Después de mucha práctica hemos venido a enseñarte el camino y, de paso, a ahorrarte un poquito de tiempo.

No entendemos por qué comer sano tiene que tener TANTA HISTORIA.

Hoy en día, el cuidado del cuerpo y el paladar viene envuelto en un montón de cháchara, pero no tendría que ser así. Nadie debería disculparse por intentar cuidarse ni pasarlas putas para que su familia coma mejor. No tienes que ser un boludo con guita [un ricachón del carajo] para fijarte en lo que comes. Debemos cuidarnos más porque nadie lo va a hacer por nosotros. Así pues, decidimos tomar la palabra para anunciar que nadie tiene el monopolio de la buena comida. Tómate este libro como una invitación a subir el listón de tu cocina. Da igual quién seas o de dónde vengas, te damos la bienvenida a nuestra mesa y a nuestra conversación. La cosa va a ponerse interesante. Ahora toma asiento.

Aquí nadie está hablando de comer hierba o raíces de árbol, pero hasta el más tonto sabe que la comida rápida y la basura procesada no han hecho ningún favor ni a nuestras carteras ni a nuestras cinturas. No se puede encargar la cena por teléfono y recalentarla en tres minutos sin pagar ningún peaje. Montárselo de otra manera es una necesidad imperiosa porque nos están jodiendo a todos. No podemos seguir con el cuento. Los hogares estadounidenses gastan el 42% de su presupuesto alimentario en platos preparados. Eso, todos los putos días, es un dinero, ¿no? Y, seamos sinceros, no estás comprando ensalada. Tanta sal y tanto colesterol te pueden joder vivo y la falta de fibra acabará poniendo en jaque a tu ojete. Así que espabila de una puta vez y tómatelo en serio. Hazlo por tu ojete: siempre estará a tu lado.

Ya sabes que debes comer más verduras. ¿A qué coño esperas? Para empezar, están que te cagas cuando las preparas bien, pero además te sientan de miedo en cuanto entran por la boca: vitaminas, minerales, antioxidantes, fibra y un montón de maravillas que vienen en el mismo paquete con estos alimentos milagrosos (y encima te ahorras un puñado de calorías inútiles que te atrancan hasta los huesos). No hay comida plastificada que le llegue a la suela de los zapatos. La ingesta media de calorías en Estados Unidos subió casi un 25% entre 1970 y 2000, y podemos asegurarte que no fue precisamente por el brócoli y las espinacas. La fruta y la verdura te llenan sin cargarte con un equipaje que luego tu cuerpo debe gestionar. Algunos estudios han determinado que quienes comen más de cinco porciones de fruta y verdura al día tiene un 20% menos de riesgo coronario que quienes comen tres o menos. ¿Cuántos de tus platos llevan verdura? Tira ese paquete grasiento y piensa con la puta cabeza.

De acuerdo, las plantas son «buenas», pero te dirás: «Me alegro, ¿y ahora qué coño hago?». Tranquilo, no vamos a dejarte en la estacada. Lo que sigue, alma de cántaro, es una recopilación de nuestros platos, aperitivos y guarniciones favoritos para todos los públicos: desde cocineros en ciernes hasta la peña ya está en el ajo. A veces hemos añadido información nutricional para que aprendas algo mientras zampas. Será como cuando leías la caja de los cereales mientras desayunabas, salvo por esos dibujitos de animales con camiseta y sin pantalones. Vamos a pertrecharte con los datos y las técnicas que necesitas para triunfar en la cocina. Hemos parido este libro para ayudarte a dominar el puto universo de los fogones. Estas páginas te servirán de guía para ascender en el escalafón culinario sin sermones, rollos ni pavadas: sólo recetas con vegetales,

palabrotas y sabios consejos (que nunca vienen mal).

Si nosotros nos lo pasamos de puta madre en la cocina, tú gozarás de lo lindo. Además, cuando acabemos contigo serás un cocinero del carajo.

AHORA, MANOS A LA OBRA.

¡enhorabuena, copón!

Tienes entre tus manos el primer paso para ser la leche en la cocina. Primero te daremos toda la información básica, tú te la empollas y luego te relajas con las recetas. Ojalá pudiéramos echarte una mano pero, como no nos has invitado, te vas a joder.

La primera regla de *Cocina canalla* es «lee la receta». ¿La segunda regla de *Cocina canalla*? LEE LA MALDITA RECETA. Asegúrate de leerla de principio a fin antes de meterte en faena. Tómate tu tiempo para repasar todos los detalles donde puedas tropezar. También conviene que prepares las cosas sobre las que tienes dudas antes de quemar el plato y que te dé un telele. No hay nada peor que llegar a un punto crítico de la receta y advertir que el siguiente cacharro está sucio en el fregadero o no saber si puedes sustituir la harina de arroz por la de trigo mientras te tiras de los pelos porque se te calcina la comida. No leas las recetas por encima y no supongas que lo tienes todo controlado. Déjate de agobios y léetela entera, ¡coño! Si estás empezando, no seas bestia y dedica un minuto a la lectura.

¡Fíjate bien, coño!

Cuando midas los ingredientes, compruébalo todo dos veces. Hay una gran diferencia entre media cucharadita de sal y media cucharada de sal. La primera le pondrá la guinda a una cena campeona, mientras que la segunda puede cargársela (para tu desdicha). Y sí, a veces tienes sucias las tazas medidoras y te dan ganas de hacer la vista gorda con las medidas por pura pereza. Aquí tienes una chuleta de equivalencias para que uses otro trasto y no la cagues:

3 cucharaditas = 1 cucharada
2 cucharadas = ⅛ taza
4 cucharadas = ¼ taza
5 cucharadas + 1 cucharadita = ⅓ taza
1 taza = 250 mililitros o 250 centímetros cúbicos
2 tazas = ⅛ litro
4 tazas = 1 litro

¿Sabías que las medidas de líquidos no son iguales que las de sólidos? No tiene ningún sentido, ¿verdad? Si mides una taza de agua con el recipiente que usas para medir la harina, siempre te va a salir menos porque no puedes rellenarlo hasta el borde sin que se te derrame. Píllate en cualquier tienda una de esas jarras medidoras para líquidos y déjate de cutradas. Cuando midas los líquidos con el medidor de líquidos y los sólidos con el de sólidos, podrás ponerte a la tarea.

A tu bola

Controlado el tema de las medidas, has de saber que las recetas son meras guías. ¡Ja! No, ya en serio, escribimos esta mierda para que cualquiera pueda pillar de qué va el tema, pero tú mejor que nadie sabes lo que te pone. Ve probando mientras cocinas, no justo antes de servir, cuando ya es demasiado tarde para cambiar nada. Si crees que al guiso le hacen falta más especias, échale más. Si necesita más sal, pues más sal. Añade un poco de salsa picante o de pimienta. Tú sabes lo que te mola comer. Confía en ti. Eso sí: ten cuidado porque los condimentos no se pueden quitar una vez usados, pero siempre se puede añadir más. Haz tuyas las recetas; escribe en el libro si hace falta. Nos la suda. Es tu libro. HAZ LOCURAS.

Ensalada de recetas

En muchas partes de este libro te ofrecemos ideas para sustituir ingredientes, bien porque no los encuentras, bien porque no te apetece mover el culo por una mierdecilla. Son los cambios más comunes que se nos ocurren, pero las opciones son infinitas. Siéntete libre para mezclar ingredientes por tu cuenta, pero con un poquito de sensatez, ¡vida mía! ¿Que no te queda tomate triturado? No pasa nada, sólo tienes que... ¡Alto ahí! ¡DEJA EL PUTO KÉTCHUP DONDE ESTABA! NO, NO ES LO MISMO... Como decíamos, sólo tienes que coger una lata de tomates pelados y pasarlos por la batidora. Párate a pensar: cuando cambies cosas, ten en cuenta que algunos ingredientes tienen tiempos de cocción distintos o contienen más o menos líquido, y eso puede cambiar el sabor o la consistencia de todo el plato. Piensa también en el papel de lo que quieres cambiar. ¿Es el ingrediente principal? ¿Un aderezo? ¿Un relleno? Si valoras todo eso, advertirás que no puedes sustituir unas espinacas por albahaca cuando aquéllas son el ingrediente principal de una ensalada, pero sí puedes poner espinacas en vez de albahaca si vas a hacer un pesto porque sólo va a cambiar un poco el sabor. Así que mucha calma y un poco de sentido común.

En tierra extraña

Si no te gustan los champiñones (por ejemplo), no te molestes en cocinar una receta cuyo componente principal sean los malditos champiñones. Y no pienses que el plato seguirá quedando de puta madre aunque prescindas de un ingrediente esencial. Ese rollo no cuela con ninguna receta. ¡Jamás! O intentas superarlo y vivir sin ese plato (sé fuerte) o sustituyes el ingrediente y asumes las consecuencias. Si te vas a poner en plan vanguardista, apechuga con tus errores. Después no nos vayas a escribir para decirnos que has puesto plátano en lugar de pimiento y que el resultado no ha sido muy satisfactorio.

LO HAS HECHO TÚ y te aguantas.

Y haz el favor de apuntarlo para no repetirlo en tu puta vida. Dicho esto, la cocina no es aeronáutica. Comes a diario: debes saber de qué coño va la historia. No te despistes, confía en tus papilas gustativas y no agregues cosas raras al tuntún: ya verás cómo todo sale bien. Cuando lleves un tiempo cocinando ya no tendrás que currártelo tanto y lo harás todo en un periquete. Dentro de poco serás un as de la cocina.

Vale, todo listo para cocinar, pero resulta que, cuando abres la despensa, sólo ves una colección de sobrecitos con salsas obtenidos gracias a los locales de comida rápida próximos a tu domicilio. Vamos a arreglar ese despropósito. Despídete de los sobrecitos de kétchup o salsa de soja. Ya no te van a hacer falta.

¿Qué coño hay en una COCINA CANALLA?

Utensilios básicos para dominar la cocina

Para bregar en la cocina necesitas algunos utensilios sencillos, no tienen por qué ser trastos caros. «¿Debo gastarme ochenta pavos en esta cubitera japonesa porque las copas saben mejor con cubitos redondos?» ¡De eso nada, timadores del menaje! No pensamos comprar vuestros artilugios. Casi todos los objetos de la lista se pueden pillar en cualquier tienducha. ¿Quién coño necesita un puto cortador de aguacates? Una persona sin dos dedos de frente, ni más ni menos. Cíñete a esta lista básica y podrás con casi todo.

Armas selectas

- abrelatas
- pelador
- cucharas medidoras
- tazas y jarras medidoras
- escurridor
- colador
- 2 tablas de cortar (una para verdura y otra para fruta: cortar una manzana donde acabas de picar cebolla te puede joder una tarta)
- cuchillo grande de cocinero (de entre 15 y 20 cm va guay; y mantén afilado a ese cabroncete)
- 3 cuencos: grande, mediano y pequeño
- rallador
- sartén honda o wok
- olla grande
- cuchara de madera
- 2 espátulas (una rígida y otra flexible)
- batidora de mano o de vaso
- papel de hornear (no confundir con papel parafinado, que te jode la comida)
- bandeja de horno honda
- fuente de horno (como para poner una lasaña)

Opcional, pero útil

- robot de cocina (los hay por 30 o 40 pavos)
- cuchillo de pelar
- rodillo
- plancha o parrilla

Despensa

Alimentos básicos

- **Aceite de oliva:** usamos aceite virgen extra porque lo compramos por garrafas, pero el aceite puro de oliva también sirve y es más barato.
- **Aceite de sabor neutro:** de cacahuete, sésamo o coco.
- Salsa de soja o tamari.
- **Un par de salsas picantes que te molen:** una asiática y otra mexicana pueden ser una buena combinación.
- Una crema o pasta de nuez: cacahuete, almendra, sésamo (tahini) o lo que sea.
- Vinagre de arroz.
- **Otro vinagre que te mole:** manzana, vino tinto, balsámico, vino blanco o lo que pilles por ahí.
- **Tu grano favorito:** a nosotros nunca nos falta arroz integral de grano corto.
- **Tu pasta favorita:** mola tener a mano una italiana (espaguetis o lo que sea) y otra japonesa (fideos soba o udon, por ejemplo).
- Latas de tomates troceados (sin sal añadida).
- **Tus legumbres secas y envasadas favoritas:** nosotros somos más de cocernos nuestras propias legumbres, pero a veces te dan las mil trabajando y no viene mal una ayudita. Nadie te juzga. Ten provisiones de ambas.
- Caldo de verdura envasado.

Condimentos y especias

- una buena mezcla sazonadora
- albahaca
- pimienta negra
- cayena
- mezcla de cinco especias chinas
- canela
- comino
- ajo en polvo o picado
- orégano
- sal
- pimentón dulce y picante
- tomillo

Verduras y frutas básicas

- cebolla
- ajo
- limas y limones
- zanahoria
- lechuga, espinacas y otras verduras

Date tiempo para ir pillando estos cacharros. No te estreses si no tienes la cocina perfecta al cabo de un mes. Nosotros tardamos un par de años en poner a punto los armarios. Dentro de nada estarás currándote unos platos del carajo, aunque sólo tengas un cuchillo, una cuchara y un bol. Te conocemos bien: contigo no puede ni Dios.

<<< Alimentos básicos almacenados

Tranquilo, no hace falta que te fundas el sueldo en un día. Sí, puede parecer un lío, pero ya irás montando tu despensa conforme vayas preparando recetas y compres alimentos nuevos. Cuanto más cocines con esos ingredientes, más baratas te irán saliendo las comidas. Que sí, que ahora mismo tendrás que gastarte tres pavos en un bote de comino, pero te durará mil meses. Échale un vistazo a la lista de la página anterior y guarda esos nombres en un rincón de tu mente para cuando veas esos productos rebajados. Si logras almacenar todo esto podrás improvisar una buena comida incluso cuando el refrigerador sea un desierto.

VALE, ¿PERO CÓMO COÑO SE HACE?

De vez en cuando te dará por cocinar algo básico sin una de esas recetas que se enrollan como persianas. Lo entendemos. A continuación hemos reunido toda la información que necesitas para preparar un plato de legumbres o cereales sin sudar la gota gorda. Vuelve a esta sección cada vez que te encuentres con una receta que requiera legumbres cocidas o sugiera una guarnición de cereales. Viene bien guisar grandes cantidades para guardar una parte en la nevera o el congelador. Así tendrás disponible una cena rápida esos días en que sales de currar medio zombi.

Olla básica de legumbres

Preparar una olla de legumbres es de las cosas más fáciles que puede haber en cocina. Basta con un poco de paciencia. Los pasos son los mismos sea cual sea la legumbre que prepares: sólo cambian los tiempos de cocción. A continuación te damos unas directrices básicas, pero confía en tu paladar. Las legumbres están listas cuando al menos cinco están tiernas. Una sola puede engañarte, así que prueba varias. Hay que dejarlas cocer a fuego lento hasta que están hechas. Más fácil imposible.

Primero, examina las semillas secas, desecha las que veas chungas y lava las demás. Pásalas luego a un cazo y cú-

PASTEURIZED FOR YOUR

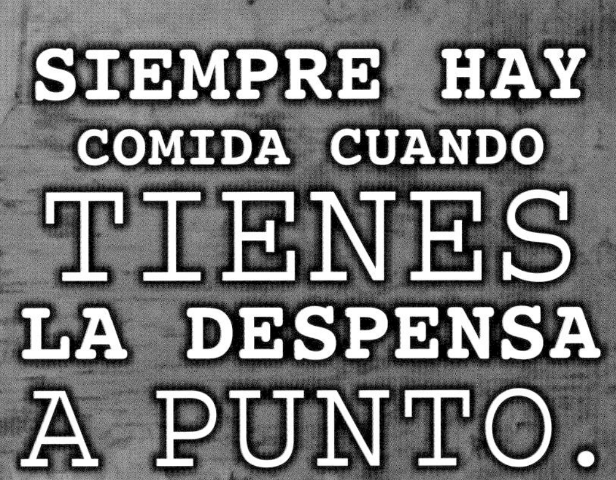
SIEMPRE HAY
COMIDA CUANDO
TIENES
LA DESPENSA
A PUNTO.

brelas de agua. Al dejarlas en remojo se van a hinchar y no mola que las muy cabronas se salgan del agua. Deja en remojo por la noche o un mínimo de cuatro horas. Así reduces el tiempo de cocción. Échalas en agua antes de irte al curro y, para cuando vuelvas a casa, las tendrás listas para la olla.

Cuando vayas a cocerlas, escurre el agua y échalas en una olla. Puedes añadir unas zanahorias, cebolla, apio o una hojita de laurel para darle más sabor, pero no es obligatorio. Echa un buen chorreón de agua, como tres veces la altura de las legumbres. Ponlas a fuego lento, tal cual, sin tapar, hasta que estén tiernas. Sazona con dos pizcas de sal en los últimos diez minutos de cocción. Escurre el líquido sobrante, quita las verduras que tengan mala cara y guarda las legumbres cocidas en la nevera o en el congelador hasta que te hagan falta. Y todo esto sin abrelatas.

Ahora vienen los tiempos aproximados de cocción, pero recuerda que varían bastante según las horas que dejes la legumbre en remojo. Consejo matemático: las legumbres tienden a triplicar su volumen al cocerse, así que si quieres obtener una taza y media (la cantidad normal de un bote), lo suyo es que emplees media taza de legumbres secas.

Tiempos de cocción de varias legumbres

frijoles negros: de 1 a 1 ½ horas
judías de careta: 1 hora
garbanzos: 1 ½ horas
judías rojas: 1 ½ horas
judías blancas: 1 a 1 ½ horas
judías pintas: 1 ½ a 2 horas

Cocción de granos

Cocer cereales suele llevar mucho menos tiempo que cocer legumbres, aunque estos cabroncetes son un poco más quisquillosos. Pero sólo con seguir estas indicaciones (para entre 2 y 4 raciones) irás sobre seguro. Si alguna vez te sobra agua en la olla cuando ya esté hecho el grano, escúrrela, alma de cántaro: no lo dejes cociendo hasta que se te quede todo hecho una plasta. Igual: si se agota el agua antes de hacerse el grano, echa un poco más. No vas a cagarla. Lo tienes todo controlado.

Cebada

Se trata de un cereal gomoso y con sabor a fruto seco que está que te cagas. Aparte de tener fibra por un tubo, está cargadito de selenio, cobre y manganeso, de modo que, por prácticamente nada, te da un poderío nutricional de la hostia.

En general, se venden dos tipos de cebada, la integral y la perlada. La integral tarda más en hacerse, pero tiene más cosas buenas que la perlada, que las pierde al descascarillarla. La perlada es supercremosa y, por lo general, más fácil de encontrar. Para la integral, lo suyo es hervir entre 1 y 3 tazas de agua con una pizca de sal. Lleva a ebullición, tapa y deja a fuego lento hasta que la cebada esté tierna (entre 40 y 50 minutos). Para la perlada, mantén la misma proporción cereal/agua, pero deja cocer sin tapar y empieza a comprobar si está tierna pasados entre 20 y 25 minutos.

Cuscús

Se cuece muy rápido porque, si nos ponemos estrictos, en realidad es una pasta, no un cereal. Compruébalo donde quieras. El caso es que en 10 minutos como máximo tienes listas estas bolitas. Echa una taza de cuscús y una pizca de sal en un cazo. Añade 1 ¼ tazas de agua hirviendo, remueve y tapa. No lo pongas al fuego. Deja reposar 8 minutos y esponja con un tenedor antes de servir. Listo, prenda.

Mijo

A ver: de entrada puede parecer alpiste, pero merece un poco de cariño y es barato como él solo. Está a medio camino entre la quinoa y el arroz integral y vale la pena darle una oportunidad. Echa 1 taza de mijo en un cazo mediano a fuego medio y rehoga hasta que huela a tostado, unos 2 minutos. Añade 2 tazas de agua y una pizca de sal y déjalo a fuego lento, tapado, hasta que el mijo quede tierno (de 25 a 35 minutos).

Quinoa

Hay peña que cuece esta semilla megaproteínica como si fuera arroz, mientras que otros la hacen como si fuera pasta. Haz lo que te salga de ahí, pero asegúrate de lavarla bien antes de ponerla a cocer porque puede amargarse. Para hervirla, lleva a ebullición 2 tazas de agua en una olla mediana con una pizca de sal, incorpora la quinoa y deja a fuego lento, sin tapar, de 15 a 20 minutos. Escurre el agua sobrante.

Arroz integral

Pensarás que se trata de otra jipiada supersana, pero lleva a tu mesa muchos más nutrientes y sabor que el arroz blanco. Nosotros siempre tenemos un poco en la nevera, y tú ya estás tardando. Si sigues teniéndole ojeriza al pobre, prueba la variedad de grano corto (ver abajo). Este íntegro cereal, que sabe a frutos secos y está riquísimo, hará que olvides el arroz blanco. La variedad de grano largo se cuece igual, pero tarda aproximadamente 15 minutos más y requiere otra ½ taza de agua.

OLLÓN BÁSICO DE ARROZ INTEGRAL

Para acompañar delicias tipo curry de mango (p. 158) o como base de un cuenco (ver «Cómo montar un bol», p. 174).

4 PORCIONES

- 1 cucharadita de aceite de oliva o de coco
- 2 tazas de arroz integral de grano corto
- una pizca de sal
- 3 ½ tazas de agua

1 Calienta el aceite en un cazo mediano a fuego medio. Añade el arroz y saltea hasta que huela un poco a nueces (unos 2 minutos).* Añade la sal y el agua y remueve. Baja a fuego lento, tapa y deja que se haga muy despacio hasta que chupe toda el agua y el grano quede tierno (unos 35 minutos).

2 ¿La has cagado con el fuego y el arroz está tierno pero sigue quedando agua? Pues escúrrelo, es obvio. ¿Que el arroz no está hecho pero ya no queda agua? Pues echa un poco más de agua, baja el fuego y sigue cociendo. No dejes que un puñado de arroz te derrote.

* *Este paso es opcional, pero le da al arroz un estupendo sabor a frutos secos. Tú verás.*

FOOD

QUIETO PARADO: ¿DÓNDE ESTÁ LA CARNE?

Si has hojeado el libro habrás visto que nuestras recetas no llevan carne. De hecho, no utilizamos ningún producto de origen animal. Sabemos que, de entrada, puede sonar rarito, pero, anda, atiende un momento. Según la Organización de las Naciones Unidas para la Alimentación y la Agricultura, los gringos comemos una media de 122,5 kilos de carne al año. Eso dobla el consumo de proteínas recomendado (56 kilos anuales). O sea, que la mayoría comemos carne para parar un tren y no variamos un carajo nuestras fuentes de proteínas. Pues a tomar por culo: lo último que necesita el mundo es otro libro que nos cuente cómo se cuece la carne. Está claro que eso ya lo sabes.

Comer esa montaña de carne o atiborrarte de queso, huevos y otros productos de origen animal (mientras pasas de la fruta, la verdura y los cereales integrales) tiene sus consecuencias. No es ninguna novedad. Conoces el rollo del colesterol y todas esa mandanga, pero hay otros peligros. Unos investigadores de la Universidad del Sur de California afirman que las dietas ricas en proteínas animales multiplican por cuatro el riesgo de cáncer. Estudiaron durante veinte años a miles de personas y descubrieron que la posibilidad de morir (antes de lo deseable) por cualquier motivo (salvo accidente o suicidio) se incrementa en un 74 % entre los devoradores de carne y los amantes del queso. Ha llegado la hora de repensar lo que comemos a diario.

¿Crees que no podrías vivir sin tu ración diaria de chicha? ¿Sabes qué? En realidad no podrías vivir con ella, al menos no tanto como quieres. Comer más platos vegetales no sólo preserva tu salud: también es una forma ideal de variar tu dieta. Llevas años repitiendo cinco monotonías para cenar. Es hora de dejar atrás los excesos carnívoros, quesívoros o huevívoros. Si usas la cabeza y no comes con el culo, tu cuerpo te lo agradecerá. Y ahora metámonos en harina.

COFFEE

¡carpe diem, coño!

DESAYUNO

NO SEAS
IDIOTA
A ESAS
HORAS

TE VAS A ENTERAR

VA EN SERIO: DESAYUNA, VIDA MÍA

Llevas oyendo la misma cantinela toda la vida, pero resulta que es verdad: el desayuno es la comida más importante del día. Ten en cuenta que cuando te levantas llevas sin comer entre seis y ocho horas (a veces más, depende de lo que consideres cena). ¿Te parece bonito vivir del aire hasta mediodía? Saltarse el desayuno es una salvajada propia de gandules y/o de necios irreparables. El Instituto Harvard de Salud Pública ha averiguado que el hábito de no desayunar aumenta en un 25 % el riesgo de putadas coronarias. Sí, «¡hostia puta!» podría ser una reacción adecuada.

Si has desayunado, a la hora de comer tomarás decisiones sensatas en lugar de embucharte el primer comistrajo que se ponga a tiro con el consiguiente subidón de glucosa en sangre. Además, el desayuno es la forma ideal de ingerir la dosis diaria de fibra para estar a tope todo el día. Come bien, varias veces al día y en pequeñas dosis: así no lamentarás tu lamentable desidia ni maldecirás la gigantesca pizza que te has zampado.

¿Que no tienes tiempo o hambre cuando te levantas? Una excusa sin duda muy original. Hacer un desayuno saludable no lleva tanto tiempo. A ver, sí, aquí viene un capítulo entero con grandes platos matutinos, ¿pero sabes cómo puedes desayunar muy dignamente? Con las sobras de ayer, que se calientan en un suspiro. Quien diga que no puedes desayunar espaguetis es un asno. ¿Y desde cuándo la falta de hambre te ha impedido comer? ¿Nunca has engullido patatas fritas por puro aburrimiento? ¿Cómo que unas tostadas a las siete y media son una movida muy gorda? ¡A otro perro con ese hueso!

GACHAS DE QUINOA

La fibra de estas gachas ayuda a regular el nivel de azúcar y te llena hasta mediodía. La quinoa te da un pequeño extra de proteína porque... ¿por qué no? Empieza la mañana agarrándola por los cuernos. Sirve las gachas con fruta fresca, frutos secos, jarabe de arce, azúcar moreno o cualquier cosilla que te mantenga enchufado todo el día.

PARA 4 PERSONAS

4 tazas de agua
½ taza de quinoa
1 cucharadita de aceite de oliva o de coco
1 taza de avena troceada
una pizca de sal
½ taza de leche de almendra

1 Calienta el agua en el fogón o el microondas hasta que esté a punto de hervir. Pon la quinoa en un colador y aclárala con agua para que no quede amarga al cocer.

2 Calienta el aceite en un cazo a fuego medio. Añade la avena y remueve hasta que huela un poco a tostado (unos 2 minutos). Incorpora la quinoa y el agua caliente y lleva a ebullición; no tardará mucho porque el agua ya estará más caliente que el copón.

3 Cuando empiece a hervir, pon el cazo a fuego lento y sin tapar. Ve a mirar tus bobadas en Facebook o donde sea mientras se hace (entre 25 y 30 minutos). Pasado ese tiempo, la quinoa y la avena estarán algo gomosas, pero no duras. Agrega la leche de almendra y apaga el fuego.

4 ¿Te encanta remolonear en la cama? Dobla los ingredientes y vive de las sobras toda la semana.

CHILAQUILES CON VERDURAS Y TOFU

Este plato resucita a un muerto tras una noche de juerga. Si aún te retumba la cabeza y te gruñe la barriga, estos chilaquiles te devolverán la perra vida.

PARA 4-6 PERSONAS

12 tortillas de maíz
2 cucharaditas de aceite de oliva
1 paquete de tofu (densidad media)*
2 cucharaditas de salsa de soja o tamari
1 cucharadita de ajo en polvo
¼ taza de levadura nutricional**
½ cebolla mediana picada
1 pimiento (rojo, naranja o verde) troceado
1-2 jalapeños picados
2 dientes de ajo picados
2-3 tazas de espinacas frescas
2 ½ tazas de salsa verde***
¼ taza de caldo de verduras o de agua
adornos: aguacate, cilantro, jalapeños o/y tomate troceado

* *Lo suyo es el que venden en agua en la sección de refrigerados, así que haz el favor de escurrirlo antes de saltearlo.*

** *¿Eh? Vete a la página 10, anda.*

*** *Te damos una receta en la página 126, pero cómprala hecha si estás en plan vago.*

1 Métele caña al horno (200°). Corta las tortillas en 8 triángulos, sí, como una puta pizza. Reparte los triángulos sobre una bandeja y hornea entre 15 y 20 minutos para que se sequen. Dales la vuelta cuando lleven la mitad del tiempo. Está bien que se pongan duritas, pero no las achicharres.

2 Mientras se van tostando las tortillas, pilla una sartén honda y arremángate, ¡coño! Calienta 1 cucharadita de aceite a fuego medio y desmiga el tofu por encima. Puede que te quede algo acuoso, pero tú ni caso. Piensa en unos huevos revueltos sin cuajar del todo. Incorpora la salsa de soja y el ajo en polvo y deja hasta que se evapore parte del agua (unos 2 minutos). Añade la levadura, apaga el fuego y pasa a un cuenco. Enjuaga un poco la sartén y vuelve a meterle candela en la hornilla, que todavía no hemos acabado con ella.

3 Calienta la segunda cucharadita de aceite a fuego medio. Echa la cebolla, el pimiento y los jalapeños y rehoga hasta que la cebolla empiece a dorarse (entre 3 y 5 minutos). Agrega el ajo y las espinacas y sofríe unos 30 segundos más.

4 Las tortillas ya deberían estar, así que echa la mitad con las verduras de la sartén. Añade 1 taza de salsa verde y 2 cucharadas del caldo y mezcla todo bien. Echa la mitad del tofu por encima y luego ve formando capas con las tortillas restantes. Remata con lo que queda de tofu, salsa y caldo y remueve con cuidado para asegurarte de impregnar bien todas las capas. Dar con un bocado seco de chilaquiles puede ser un bajonazo, así que presta atención. Deja rehogar todo unos 5 minutos para que las tortillas se ablanden un poco y se evapore el líquido. El olor de la hostia que sueltan sacará de la cama hasta al más dormilón.

5 Sirve enseguida con rodajas de aguacate, un poco de cilantro, más jalapeños y/o tomates. No lo compartas con nadie hasta que alguien prometa fregar los putos platos.

MUESLI BÁSICO CON IDEAS DE PROPINA

Gran parte del muesli que venden lleva más azúcar que cereales. Para eso mejor desayunarse un bote de gominolas y a correr. Si quieres algo dulce a la par que sustancioso, prepara este muesli y verás lo que te has perdido.

5 O 6 TAZAS

- 3 tazas de avena en hojuelas
- ½ taza de pipas de girasol*
- ½ taza de almendras picadas*
- ¼ taza de mijo sin cocer**
- ½ taza de jarabe de arce***
- ⅓ taza de aceite de oliva
- ½ cucharadita de extracto de vainilla
- ½ cucharadita de canela molida
- ½ cucharadita de sal
- ½ taza de arándanos rojos deshidratados**** (opcional)

1 Precalienta el horno a 150° y cubre una bandeja con papel de hornear.

2 Mezcla la avena, los frutos secos y el mijo en un cuenco grande.

3 Echa en un vaso mediano el jarabe de arce, el aceite y la vainilla y remueve bien. Vierte el resultado sobre la mezcla de avena y menea para que se impregne todo. Añade la canela y la sal y sigue meneando.

4 Forma una capa homogénea sobre la bandeja y hornea 40 minutos. Remueve cada 10 minutos para que se haga todo bien. Cuando se vea medio tostado y la avena parezca crujiente (no húmeda), es que está hecho. Añade la fruta deshidratada si lo deseas. Deja enfriar el muesli en la bandeja y consérvalo en un recipiente al vacío hasta 2 semanas.

5 ¿Que quieres variedad? Prueba estas combinaciones de frutas y frutos secos: almendras y albaricoques o fresas deshidratados y picados; nueces y peras o higos deshidratados; nueces pecanas y cerezas deshidratadas; cacahuetes y manzanas o plátanos deshidratados. Échale lo que te salga del moño.

***** *Una taza de los frutos secos que más te gusten.*

****** *¿No tienes mijo? ¡A la mierda! Echa más avena.*

******* *Un jarabe decente puede ser caro, pero pasa lo mismo con el muesli. Hay que ahorrar para la buena comida.*

******** *O cualquier fruta deshidratada que te mole.*

DESAYUNO VERDE

Esta guarnición (para la que sólo hay que pringar una olla) tiene todo lo que tu ser legañoso necesita por la mañana. Está de lujo con los *biscuits* con *gravy* (p. 18) si eres una espabilada y vas sobrada de tiempo.

2 PERSONAS O 4 COMO GUARNICIÓN

- ¼ taza de caldo de verduras
- 1 ½ cucharaditas de jarabe de arce o agave
- 1 cucharadita de tomate concentrado
- 1 cucharadita de humo líquido*
- 2 cucharaditas de salsa de soja o tamari
- 2 cucharaditas de aceite de oliva
- 250 g de tempe
- 2 dientes de ajo
- 1 ½ cucharaditas de tu mezcla para sazonar favorita (sin sal)
- 1 manojo de col crespa cortada en tiras de 5 cm (unas 7 tazas)
- 2 cucharadas de zumo de limón

1 En un vaso pequeño, mezcla el caldo, el jarabe de arce, el tomate concentrado, el humo líquido y 1 cucharadita de salsa de soja y reserva el producto resultante.

2 Calienta el aceite en un wok grande o una sartén honda a fuego medio. Desmiga el tempe en trocitos tamaño bocado y saltea hasta que empiecen a dorarse un poco (de 2 a 3 minutos). Vierte luego la mezcla del caldo y rehoga unos 15 segundos. Añade el ajo y la mezcla para sazonar y rehoga otros 30 segundos. Ya casi estamos.

3 Ahora viene lo verde. Echa esas hojas de puta sobre el tempe, añade el zumo de limón y la cucharadita de salsa de soja y remueve bien para que ligue todo. Te parecerá mucha col, pero respeta los tiempos, impaciente. Deja que la col se cueza y se arrugue un par de minutos (la queremos rica y escaldada, no cocida hasta la muerte). Sirve al instante.

* *¿Eh? Vete a la página 10, anda.*

TACOS CON TOFU REVUELTO

Sirve con aguacates, cilantro fresco y tu salsa favorita. ¡Flípalo un rato!

UNOS 8 TACOS

- 1 ramillete pequeño de brócoli
- 1 pimiento rojo
- 1 cebolla amarilla
- 1 zanahoria
- 4 dientes de ajo
- 1-2 jalapeños*
- 1 cucharada de comino molido
- 1 cucharada de pimentón picante
- 2 cucharaditas de orégano
- 2 cucharaditas de aceite de oliva
- 1 paquete de tofu extradenso
- 2-3 cucharaditas de salsa de soja o tamari
- 2 cucharadas de zumo de limón o lima
- ⅓ de taza de levadura nutricional**
- 2 cucharaditas de tu salsa picante favorita
- 8 tortillas de maíz o trigo calientes

1 Parte el brócoli en trozos no mayores que una moneda; la idea es que salgan unas 2 tazas. Trocea el pimiento y la cebolla en pedazos tamaño guisante. Ralla la zanahoria con el rallador. Pica el ajo y los jalapeños. Mezcla el comino, el pimentón y el orégano en un cuenco pequeño y reserva. Trabajo previo hecho, colega.

2 Es hora de cocinar. Calienta el aceite a fuego medio en una sartén honda grandecita. Añade la cebolla y sofríe hasta que empiece a dorarse por los bordes (de 3 a 5 minutos). Incorpora el brócoli y el pimiento troceados y rehoga hasta que el brócoli se ablande, pero sin que quede hecho una puta plasta (otros 3 a 4 minutos). No te pases haciendo el brócoli o sabrá a arbolitos ahogados. Echa el ajo y los jalapeños y saltea unos 30 segundos.

3 Mientras tanto escurre el tofu y estrújalo para quitarle toda el agua posible (usa las manos, pero tampoco hace falta que lo espachurres). Desmígalo sobre la sartén en trozos tamaño moneda. No pasa nada si hay trozos más pequeños, pero ocurre que cuanto más remueves más se te deshace, así que mejor empezar a lo grande y que luego se vaya achicando, ¿no? Saltea el tofu junto con las verduras (de 2 a 3 minutos) intentando que quede todo bien combinado. Si ves que la sartén se queda muy seca, añade un chorrito de agua y dale un buen meneíto. Incorpora la salsa de soja y el zumo de limón o lima. Añade la mezcla de especias del vaso, la zanahoria rallada y, justo después, la levadura nutricional. Remueve y deja que se haga unos 2 minutos o así para que liguen bien los sabores. Remata con la salsa picante, menea y rellena a tope las tortillas, que deben esperar bien calientes. ¡El desayuno está servido, cabrones!

* *Depende del picante que aguantes. Si los quieres menos picantes, quítale las semillitas.*

** *¿Eh? Vete a la página 10, anda.*

LÍA UN BUEN TACO
TODOS LOS DÍAS.

INGREDIENTES RAROS DE LA HOSTIA

<<< LEVADURA NUTRICIONAL

La levadura nutricional es una jipiada de séptimo nivel. Es levadura inactiva que se vende en copos y da un sabor quesuno. Es como el polvillo de los Cheetos, pero en sano. El futuro ya está aquí, amigos. Tiene B_{12}, ácido fólico, selenio, zinc y proteínas por un tubo. Puedes encontrarla a granel en algunas tiendas de productos ecológicos o en Internet. No es lo mismo que la puta levadura de cerveza, y quien te diga lo contrario miente más que habla.

HUMO LÍQUIDO

Este potenciador del sabor se hace a partir del humo de quemar virutas de madera, que posteriormente se enfría y se mezcla con agua. Da mogollón de sabor, pero con un poco hay de sobra. Que no se te vaya la mano. Lo encuentras fijo al lado de la salsa barbacoa en algunos supermercados, fíate de nosotros. ¿Todavía no lo has buscado y ya estás quejándote, cabrón?

CUENCO DE ARROZ INTEGRAL CON EDAMAMES Y SALSA DE CEBOLLINOS

Desayunar salado es lo que parte la pana y la peña debería ir subiéndose al carro. Este sencillo cuenco de desayuno crea adicción, así que cuidado. El arroz integral llena que te cagas y los edamames ponen un montón de proteínas sobre la mesa, así que te sentirás como una reina.

4-6 PERSONAS

SALSA DE CEBOLLINOS CON TAMARI

- 1 taza de cebollinos picados*
- ¼ taza de vinagre de arroz
- 2 cucharadas de zumo de naranja
- 4 cucharaditas de aceite de sésamo tostado
- 1 cucharadita de salsa de soja o tamari

- ollón básico de arroz integral (p. xxiv)
- 4 tazas de edamames sin vaina**
- ⅓ taza de almendras laminadas y tostadas (opcional)

1 Prepara la salsa: échalo todo en un robot de cocina o en el vaso de la batidora y bate hasta que la salsa quede más o menos homogénea. Tienen que salirte unos ⅔ de taza de salsa.

2 Echa la misma cantidad de arroz integral y edamames en un cuenco y pon una o dos cucharadas de salsa por encima. Si por las mañanas no mueres de hambre, con ½ taza de cada cosa va guay. Si quieres un poco de crujiente, echa almendras laminadas por encima. Puedes prepararlo todo el domingo por la noche y luego calentártelo el resto de la semana para desayunar.

* *Cebollinos, cebolletas, cebollas tiernas... es todo muy parecido. Nos parecía que cebollino quedaba mejor al lado de salsa.*

** *Los edamames son semillas de soja sin madurar y están que te cagas de ricas. Tienen una textura tremenda y contienen un montón de cosas buenas (proteínas, ácidos grasos y fibra por un tubo). Búscalos en la sección de verduras congeladas de la tienda asiática y peta el congelador.*

HAZ TU PROPIA MEZCLA PARA TORTITAS

¿Te da pereza echar cuentas cada vez que haces tortitas? Lo entendemos. Pero no seas cretino comprando un paquete ya preparado con azúcar hasta el culo y encima caro. Bastan unos minutos para preparar una buena cantidad; luego la guardas en la despensa y la usas cuando te entre el mono.

Esto requiere un poco de aritmética elemental, así que tranquila. Para las tortitas de trigo integral con plátano (página siguiente) sabemos que una tanda de 12 lleva unas 2 ⅔ de tazas de ingredientes sólidos. Perfecto. Decide entonces cuántas tandas de mezcla te gustaría guardar en la despensa. ¿Cinco? ¿Diez? A nosotros nos la suda, así que multiplica todas las cantidades de la receta por las tandas que quieras y ve midiendo y echando todo en un cuenco grande. Remueve para asegurarte de que se distribuyan bien los ingredientes y mete luego la mezcla en un recipiente al vacío. Listo.

La próxima vez que quieras tortitas pilla el bote, mide 2 ⅔ de mezcla, añade las 2 tazas de leche y el puré de plátano y sigue los demás pasos de la receta. Tirado. ¿Que solamente quieres 6 tortitas? Calcula entonces 1 ⅓ de taza y añade sólo 1 taza de leche y medio plátano. Puedes hacerlo todos los putos días. Con que mantengas la proporción de ingredientes sólidos y líquidos, nunca te faltarán tortitas al alcance de la mano. (Si el plátano te da asco, sustitúyelo por ¼ más de líquido, aunque no estarán tan tremendas.)

TORTITAS DE TRIGO INTEGRAL CON PLÁTANO

Sírvelas con jarabe de arce y un poco de fruta fresca. Qué te vamos a contar: ya sabes cómo se come la puta tortita.

UNAS 12 TORTITAS QUE PUEDES CONGELAR Y COMERTE CUANDO TE SALGA DE AHÍ

- 2 ½ tazas de harina de trigo integral o harina corriente para repostería
- 2 cucharadas de azúcar moreno o blanco
- 2 cucharaditas de levadura en polvo
- ½ cucharadita de sal
- 2 tazas de leche vegetal (de almendras, por ejemplo)
- 1 plátano pequeño hecho puré*
- aceite para la plancha

1 Mezcla la harina, el azúcar, la levadura y la sal en un cuenco grande. Haz un cráter en el centro y añade la leche y el puré de plátano. Mezcla todo hasta que no queden puntos secos, pero no hace falta que se te vaya la olla. Si lo mezclas demasiado, se te pueden quedar duras las tortitas, así que para el carro, don Mezclo Asaco.

2 Vale, es probable que sepas lo que debe hacerse con la mezcla batida, pero sigue leyendo si es tu primera vez con la plancha. Pilla una sartén o una plancha y calienta a fuego medio. Unta ligeramente el fondo con aceite y vierte un poco de mezcla en la sartén por cada tortita. Pasa el primer lado unos 2 minutos o hasta que le salgan burbujitas por arriba. Eso significa que están hechas por dentro. Dale la vuelta y haz el otro lado de 1 a 2 minutos o hasta que la tortita se vea dorada.

* *Como ⅓ de taza para que nos entendamos.*

QUE LES DEN A LOS CONGELADOS.
MUERTE A LOS
GOFRES DE GOMA.

GOFRES DE MAÍZ CON JARABE DE FRESAS

La harina de maíz añade un extra que convierte estos gofres en oro puro. Oro comestible, naturalmente.

4 GOFRES GORDOTES, PERO DEPENDERÁ DE LA GOFRERA QUE TENGAS

JARABE DE FRESA

500 g de fresas*

2-4 cucharadas de azúcar*

¼ taza de zumo de naranja

½ cucharadita de extracto de vainilla

GOFRES

2 tazas de leche de almendra o tu leche vegetal favorita

1 cucharadita de vinagre de manzana o zumo de limón

1 ½ tazas de harina de maíz**

1 taza de harina de trigo integral o normal

2 cucharadas de azúcar moreno

1 ½ cucharadas de levadura en polvo

½ cucharadita de sal

⅛ cucharadita de canela molida

2 cucharadas de aceite

aerosol de cocina

1 Primero prepara el jarabe: desecha los tallos de las fresas y pícalas en trocitos tamaño garbanzo. Pásalas a un cazo pequeño con los demás ingredientes del jarabe y calienta a fuego medio-bajo. Al principio puede darte la impresión de que falta líquido, pero, cuando la cosa se ponga a tono, las fresas lo arreglarán. Fíate. Remueve y pon a fuego lento de 15 a 20 minutos sin dejar de menear la cosa de vez en cuando hasta que el jarabe se espese y los líquidos empiecen a evaporarse. Apaga el fuego.

2 Haz los gofres mientras se enfría el jarabe. Ve precalentando la gofrera. Mezcla la leche y el vinagre en un vaso pequeño y reserva. Bate en un cuenco grande las dos harinas, el azúcar moreno, la levadura, la sal y la canela hasta que se combinen bien. Haz un cráter en el centro y añade la mezcla con la leche y el aceite. Bate todo hasta que quede bien integrado y apenas haya grumos. Rocía la gofrera precalentada con el aerosol (para que los muy cabrones no se peguen) y vierte a continuación un poco de mezcla. Cocina hasta que se doren bien según las instrucciones de tu gofrera. Riega con jarabe de fresas y sirve en caliente.

* *Añade 4 cucharadas si las fresas no son muy dulces o te gusta el jarabe dulzón.*

** *La misma movida que usas para hacer el pan de maíz. Si no compras polenta, vamos bien.*

DESAYUNO EN BARRAS PARA LLEVAR

Ciertas mañanas tienes que salir por la puerta cagando leches. Ya conocemos esa ingrata experiencia. Haz algo por tu vida y prepara esta movida el finde para que tu culo dormilón sólo tenga que pillar una barra antes de pisar la calle.

UNAS 10 BARRITAS

- 2 tazas de avena en hojuelas
- ¾ taza de quinoa sin cocer
- ¼ taza de mijo sin cocer
- 1 ¼ tazas de mezcla de frutos secos picados*
- ½ taza de arándanos rojos deshidratados o algún fruto parecido deshidratado
- ¼ cucharadita de sal
- ½ taza de jarabe de arce
- ½ taza de crema de cacahuete o de almendras
- ¼ taza de aceite de coco o de oliva
- 2 cucharadas de azúcar blanco o moreno
- 1 cucharadita de extracto de vainilla

1 Precalienta el horno a 180°. Coge una fuente de 20×30 cm y cúbrela con papel de hornear de modo que éste sobresalga un poco por los bordes. Así, cuando se enfríen, podrás despegar mucho mejor las barritas.

2 Calienta una sartén honda o un wok a fuego medio y añade la quinoa, la avena y el mijo. Remueve bien hasta que empiece a oler a tostado (unos 3 minutos). Mientras tanto, aprovecha para mezclar los frutos secos y los arándanos rojos en un cuenco grande. Incorpora la mezcla con la avena tostada y la sal y menea bien la cosa.

3 Mezcla en un cazo pequeño el jarabe de arce, la crema de cacahuete, el aceite, el azúcar y la vainilla y calienta hasta que se derrita todo. Asegúrate de que no queden pegotes de crema de cacahuete y aparta el cazo del fuego. Rocía sobre la mezcla sólida y remueve hasta que esté todo ligado.

4 Echa la masa en la fuente y ve aplastando con una cuchara para que quede uniforme y la mezcla no se vaya a la mierda. Hornea hasta que se vea tostada (de 25 a 30 minutos). Deja enfriar a temperatura ambiente en la bandeja y mete luego en el frigo. Cuando esté bien fresquita, corta en barritas. Se conservan mejor en el frigo.

* *Nuestra mezcla preferida es ½ taza de pipas de calabaza, ½ de pipas de girasol y ½ de almendras laminadas, pero haz lo que te dé la gana.*

BOLLOS DE TRIGO INTEGRAL

Hazte tus propios bollos porque la bollería industrial es una industrial porquería. La comida no debe empaquetarse como se empaquetan los explosivos. Va contra natura.

8 BOLLOS APROXIMADAMENTE

1 taza de leche de almendra o cualquier otra vegetal
½ cucharadita de vinagre de manzana
1 ½ tazas de harina de trigo integral para repostería*
1 taza de harina normal**
1 cucharada de levadura en polvo
2 cucharaditas de azúcar
½ cucharadita de sal
¼ taza de aceite de coco refinado***

1 Métele caña al horno (220°) y cubre una bandeja con papel de hornear.

2 Mezcla la leche con el vinagre en un vaso pequeño y aparta el vaso un par de minutos.

3 Tamiza las harinas, la levadura, el azúcar y la sal, todo junto sobre un cuenco mediano. Agrega el aceite a la harina por cucharadas, amasa con los dedos y desmiga en trozos algo mayores que un guisante. Debería parecer gravilla. Haz un pozo en el centro y vierte la mezcla de la leche. Remueve hasta que se forme una masa rugosa, pero ten cuidado de no pasarte porque podría salirte los bollos duros. Si lo ves demasiado seco para amasar, añade una o dos cucharadas de leche.

4 Vuelca la masa sobre una superficie enharinada y moldea hasta formar un rectángulo de unos 20×13 cm y de unos 4 cm de grosor. Con la parte de arriba de un vaso o con un molde, corta todos los bollos que puedas y colócalos sobre la bandeja. Tendrían que salirte unos 8.

5 Hornea los bollos hasta que se doren por abajo (de 15 a 18 minutos). Deja enfriar un minuto antes de meterles mano (o allá tú si quieres empezar el día quemándote la puta lengua, estúpido).

* *La harina integral para repostería es muy parecida en textura y sabor a la normal, pero conserva el salvado y los gérmenes buenos. Si no la encuentras, utiliza cualquier otra harina.*

** *Sí, no nos jodas. Es lo que hay si quieres que te salgan esponjosos.*

*** *Tiene que ser opaco y con consistencia de mantequilla. Si está más claro y líquido por el calor, no vale para una mierda. Mételo en el frigo, castigado, hasta que recupere la compostura.*

BOLLOS CON *GRAVY*

Hemos metido la receta en el apartado de desayunos, pero, siendo sinceros, siempre es buen momento para unos bollos con *gravy*. Sírvelos con una guarnición de desayuno verde (p. 7), no vaya a quedar un hueco en el plato.

4-6 PERSONAS

GRAVY DE LENTEJAS

1 ½ tazas de lentejas verdes o marrones

5 tazas de agua

sal

½ cebolla pequeña troceada

1 cucharadita de aceite de oliva

1 cucharadita de tomillo

2 dientes de ajo picados

⅛ cucharadita de pimienta molida

1 cucharada de harina

1 taza de caldo de verduras

1 cucharadita de salsa de soja o tamari

1 cucharadita de pimentón

½ cucharadita de vinagre de vino tinto o de Jerez

bollos de trigo integral (p. 17)

1 Prepara la *gravy*: en una olla, lleva a ebullición las lentejas con agua y una pizca de sal. Deja que las muy perras se hagan a fuego lento hasta que estén tiernas y medio se deshagan (unos 40 minutos). Ve preparando todo lo demás mientras esperas (o hazlo la noche anterior y refrigera).

2 Agarra una sartén pequeña y sofríe la cebolla en aceite de oliva a fuego medio hasta que se dore por los bordes (unos 3 minutos). Añade el tomillo, el ajo y la pimienta y rehoga unos 30 segundos. Apaga el fuego.

3 Cuando estén las lentejas, escúrrelas y devuélvelas a la olla. Mezcla la harina con el caldo en un cuenco pequeño. Echa el caldo, las cebollas, la salsa de soja, el pimentón y el vinagre sobre las lentejas. Coge la batidora de mano y bate hasta que quede cremoso o pasa todo a una batidora de vaso y dale caña. Recalienta el puré en la olla y deja a fuego lento para que se espese (de 2 a 3 minutos).

4 Parte por la mitad los bollos calientes y echa *gravy* por encima con un cucharón. Sirve enseguida.

ASÍ SE EMPIEZA UN
FIN DE SEMANA
Y LO DEMÁS SON
TONTERÍAS.

TORTITAS DE AVENA CON SALSA DE ARÁNDANOS

¿Lo pasas mal cuando tienes que elegir entre gachas de avena y tortitas para desayunar? ¡A la mierda, CÓMETE LAS DOS!

8-10 TORTITAS

- 1 ½ tazas de avena en hojuelas*
- 2 cucharadas de semillas de lino molidas
- 1 ½ tazas de leche de almendra o cualquier leche vegetal
- ½ taza de harina de avena**
- 1 cucharada de azúcar
- 1 ½ cucharaditas de levadura en polvo
- ½ cucharadita de sal
- ½ cucharadita de canela molida
- aceite para la plancha
- salsa de arándanos (página siguiente)

1 Mezcla en un cuenco grande la avena, las semillas de lino molidas y la leche de almendra. Remueve bien, asegurándote de que se humedece todo, y deja reposar diez minutos para que la avena se ablande.

2 Mezcla en un cuenco la harina, el azúcar, la levadura en polvo, la sal y la canela. Incorpora esta mezcla a la avena remojada y menea para que se impregne todo de puta madre.

3 Llegó la hora de la torta. Pilla una sartén o una plancha y calienta a fuego medio. Unta ligeramente el fondo con aceite y echa un poco de mezcla para cada tortita. Haz primero un lado hasta que se vea doradita por abajo y huela a avena tostada (unos 2 minutos). Dale la vuelta y haz la otra parte hasta que la tortita esté dorada (de 1 a 2 minutos). Sirve en caliente con salsa de arándanos por encima y disfruta como una cerda.

* *Pero no de la mierda esa instantánea. Avena en hojuelas de la buena.*

** *Puede sonar a pijada, pero sólo tienes que coger un puñado de avena en hojuelas, echarlo en el vaso de la batidora o en el robot y pasarla hasta que quede una harina fina que te cagas. También puedes usar harina de trigo si te parece demasiado temprano para andar trasteando con la puta batidora.*

SALSA DE ARÁNDANOS

Acompaña con esta salsa las tortitas de la página anterior o los gofres de maíz (p. 15) en lugar del jarabe de fresas o échasela a las gachas de maíz con arce y bayas (p. 24). Rollo «busca tu propia aventura».

UNA TAZA APROXIMADAMENTE

- 250 g de arándanos frescos o congelados
- 2 cucharadas de azúcar
- 1 cucharada de zumo de limón
- 1 cucharada de agua
- 1 cucharadita de extracto de vainilla
- 2 trozos grandes de peladura de limón*

Pon todo en un cazo pequeño a fuego medio. Puede parecerte que le falta líquido pero, cuando la fruta vaya deshaciéndose, verás de qué coño va la historia. Remueve y ve aplastando los arándanos con la cuchara. Deja unos 10 minutos a fuego lento hasta que las bayas se deshagan del todo y la salsa se espese un poco. Retira la peladura de limón, echa la salsa en un vaso o un cuenco y deja enfriar esta ricura de 5 a 10 minutos. Cuando se enfríe, se espesará más.

* *Coge un cuchillo o un pelador afilado y corta 2 peladuras de limón (la capa exterior amarilla) de un dedo de largo. Intenta no pillar mucho de la mierda blanca, pero tampoco te estreses.*

¿UN DESAYUNO
DE MARAJÁ?
¡Y A MUCHA
HONRA!

TORRIJAS DE MASA MADRE

¿Quién sería tan boludo como para no querer pan frito con jarabe de arce y fruta fresca? ¡Venga, que nos las quitan de las manos!

6 TORRIJAS, PERO NO CUESTA NADA MULTIPLICAR POR DOS O POR TRES

1 ½ cucharaditas de semillas de chía o de lino molidas

2 cucharadas de harina de trigo integral*

1 taza de leche vegetal con vainilla**

½ hogaza del día anterior hecha con levadura natural o cualquier pan duro que tengas por ahí

1 ½ cucharadas de levadura nutricional***

aerosol de cocina

1 En un molde de tarta o una fuente no muy honda mezcla la chía molida y la harina. Vierte la leche poco a poco para que no se formen grumos de mierda. POCO A POCO, ¡COÑO! Deja reposar 15 minutos. Tómate un café, ¡oh amasijo de legañas!, y, mientras, corta el pan en rebanadas de 2,5 centímetros.

2 Pasados esos 15 minutos, bate la mezcla y luego añade poco a poco la levadura nutricional y remueve. Calienta una plancha o una sartén gruesa a fuego medio y rocía con el aerosol para que las muy cabronas no se peguen. Empapa las rebanadas de pan en la mezcla unos segundos por cada cara y ponlas luego en la plancha. Haz cada lado de 1 a 2 minutos o hasta que se dore y tenga una pinta del carajo.

* *En realidad puedes usar cualquier harina para horno: de arroz integral, normal... No se notará mucho.*

** *Siempre recomendamos leche de almendra, pero usa la que tengas.*

*** *¿Eh?* *Vete a la página 10, anda.*

GACHAS DE MAÍZ CON ARCE Y BAYAS

A las gachas de maíz se las tiene bastante marginadas en el desayuno. Están cremosas, algo dulces y tienen fibra por un tubo. Ya está bien de avena; es hora de probar algo nuevo, ¡coño!

4 O UN BUEN DESAYUNO PARA UNA PERSONA 4 DÍAS

- 2 tazas de agua
- 2 tazas de leche de almendra o cualquier leche vegetal
- 1 taza de sémola de maíz
- ¼-½ cucharadita de sal
- 1-2 cucharaditas de jarabe de arce o de tu líquido edulcorante favorito
- tu mermelada favorita
- bayas frescas (moras, arándanos, frambuesas...)

1 Lleva a ebullición el agua y la leche en un cazo mediano a fuego medio. Incorpora poco a poco la sémola con un ¼ de cucharadita de sal. No vayas a echarla de golpe porque lo salpicará todo. ¡Un poco de cordura, hombre de Dios! Lleva a ebullición y reduce luego a fuego medio. Tapa el cazo y deja esa ricura cociéndose unos 20 minutos. Menea de vez en cuando mientras te tomas un café o das por culo en Internet. ¡Y no nos llores luego si se te pega!

2 Cuando la sémola haya absorbido casi todo el líquido y esté esponjosa, apaga el fuego y añade 2 cucharaditas de jarabe de arce. Prueba y añade la sal y el jarabe que te parezca oportuno. Es cosa tuya. Vierte un poco de mermelada por encima y añade unas cuantas bayas (fresas, arándanos o frambuesas) para que quede de lujo.

GACHAS,
PERO CON
LA CABEZA
BIEN ALTA.

OKRAS ASADAS CON PAPAS SALTEADAS

Debería darte vergüenza no haber probado las okras con papas para desayunar. Mueve el puto culo y corrige el error.

2-3 PERSONAS COMO DESAYUNO

- aerosol de cocina
- 500 g de patatas blancas o rojas
- ½ cebolla amarilla
- 500 g de okras
- 2 cucharaditas de aceite de oliva
- 2 cucharadas de harina de maíz
- una pizca de pimienta molida
- ¼ cucharadita de sal
- ½ cucharadita de pimentón
- 2 dientes de ajo picados
- 1 ½ cucharaditas de romero fresco picado
- 1 cucharada de zumo de limón
- salsa picante

1 Métele caña al horno (220°) y rocía una bandeja grande con el aerosol.

2 Corta las papas en trozos tamaño moneda (peladas si tienes tiempo), pica la cebolla y parte las okras en trozos de medio centímetro. Pueden ser muy resbaladizas cuando intentas cortarlas. Apáñatelas. Pon en un cuenco mediano 1 cucharadita de aceite de oliva y las okras troceadas. Mezcla bien. Añade la harina de maíz, la pimienta y ¼ cucharadita de sal y menea de nuevo. La harina hará que las okras resbalen menos. Echa todo en una mitad de la bandeja.

3 Pasa las papas y la cebolla al cuenco que contenía las okras. Añade la última cucharadita de aceite, el pimentón y el resto de sal y mezcla. Pon todo en la otra mitad de la fuente y métela en el horno. Unos 20 minutos después añade el ajo y el romero a la parte de papas y remueve un poco. Menea también las okras y mete la fuente en el horno para que terminen de hacerse. Hornea hasta que las okras estén doradas y crujientes (de 20 a 25 minutos).

4 Cuando las okras estén crujientes y las patatas doradas y tiernas, saca la fuente del horno y rocía toda la bandeja con el zumo de limón. Mezcla patatas y okras y sirve con tu salsa picante favorita.

LO BÁSICO

LOS BATIDOS VERDES NO DEBERÍAN SABER A PASTO

Los batidos verdes son una manera fácil de incluir más frutas y verdura en tu dieta. Con un solo vaso puedes tomar una dosis de fibra, clorofila, vitaminas esenciales y un montón de cosas buenas. La cosa está bien clara: no hay mucho que pensar.

Las verduras aportan la base nutricional y el dulzor de la fruta se encarga del sabor. Pero no te vayas a un local de zumos en la otra punta de la ciudad para comprarte un batido verde que cuesta un ojo de la cara y encima sabe a pasto. ¡A LA MIERDA! Echa unas cuantas frutas y verduras en el vaso de la batidora y dale al puto botón. Tú sabes las cosas que te gustan, así que sé tu propio gurú del batido vegetal casero. Es más rápido y más barato. Te dejamos una guía para estructurar tus experimentos con los batidos:

2 tazas de verduras tipo espinacas o col crespa, lo que tengas (si tu batidora es una mierda, opta las espinacas y otras cosas fáciles de batir).

1 taza de fruta cremosa troceada (plátanos, mangos, aguacates, etc.).

¾ taza de tu fruta congelada favorita (cerezas, frutas del bosque, manzanas, peras: usa la imaginación, ¡joder!).

1 ½ tazas de líquido: puede ser una combinación de tu zumo favorito, leche y agua o todo agua, depende de lo dulce que lo quieras.

Prueba alguna de las siguientes mezclas para ir poniendo a funcionar el cerebro antes de inventar tu propio batido: fruta tropical (mango o piña) con leche de coco y agua; arándanos o moras con leche de almendra; o plátano a muerte y sustituye ¼ de la taza de líquidos por crema de cacahuete y el resto que sea leche de almendra y agua. Si suena como comida sólida, estará de puta madre en forma líquida. No lo dudes.

BATIDO DE MACEDONIA

Puedes convertirlo también en un *parfait* para redoblar la fibra y llenarte bien: rocía una capa de semillas de lino molidas y avena en hojuelas por cada taza de batido que eches en la batidora. Come con cuchara o pilla una pajita de las gordas.

1 BATIDO

- 2 tazas de espinacas frescas
- 5 trozos de plátano congelado de unos 4 cm de largo (vamos, un plátano y medio)
- 1 taza de agua del grifo o de coco
- ½ taza de zumo de naranja
- ½ taza de fresas congeladas
- ¼ taza de arándanos congelados

Echa todo en el vaso de la batidora y dale caña al asunto. Prueba y añade más de lo que prefieras. Que lo quieres más espeso, echa más plátano. Como comprenderás, esto es para bebérselo de un trago, así que híncatelo en cuanto lo hagas.

TAMBIÉN LOS ANDROIDES
SUEÑAN CON BATIDOS.

ENSALADAS, BOCATAS Y TAPAS

ROLLITOS DE GARBANZOS ESPECIADOS CON SALSA TAHINI

Estos rollitos tienen el sabor ahumado del falafel, pero sin el curro infernal.

4 ROLLITOS GRANDES

SALSA TAHINI

¼ taza de tahini*

3 cucharadas de agua caliente

1 ½ cucharadas de zumo de limón

1 cucharada de vinagre de arroz

1 cucharada de aceite de oliva

1 cucharadita de salsa de soja o tamari

2 dientes de ajo picados

GARBANZOS ESPECIADOS

1 cucharada de aceite de oliva

3 tazas de garbanzos cocidos**

2 cucharadas de zumo de limón

1 cucharadita de jarabe de arce

1 cucharadita de salsa de soja o tamari

2 cucharaditas de pimentón ahumado

2 cucharaditas de comino molido

1 cucharadita de ajo en polvo

¼-½ cucharadita de cayena

4 tortillas de maíz o trigo grandes

espinacas

bastoncitos de pepino

bastoncitos de zanahoria

1 Para hacer la salsa, mezcla todos los ingredientes en un vaso pequeño hasta que quede homogénea y cremosa. Reserva en la nevera.

2 Ahora, a los garbanzos. Calienta el aceite en una sartén honda o un wok a fuego medio-alto. Añade los garbanzos y sofríe hasta que empiecen a dorarse y salten un poquito (entre 3 y 5 minutos). Tranquilidad, ya verás de qué coño hablamos. Emulsiona en un vaso pequeño el zumo de limón, el jarabe de arce y la salsa de soja. Cuando los garbanzos tengan buena pinta, añade la mezcla con el zumo por encima y menea. Deja que se evapore unos 30 segundos y añade luego las especias. Vuelve a menear y deja que se sofría todo unos 30 segundos antes de apagar el fuego.

3 Sirve a estos enanos picajosos en un rollito con unas cuantas hojas de espinaca y bastoncitos finos de zanahoria y pepino. Rocía con un poco de salsa y enrolla.

* *Se parece a la crema de cacahuete, pero con sésamo.*

** *Dos botes de 400 g si no te apetece cocerlos en casa.*

CÓMO CONSTRUIR UNA ENSALADA
(O SEA, UNOS «NACHOS VEGETALES»)

1. **LA BASE:** Da igual adónde quieras llegar: hay que empezar con verduras de hoja (espinacas, rúcula, lombarda, lechuga romana, col crespa, col normal, una mezcla de lo anterior o lo que veas en la tienda). Es tu ensalada, tú mandas. Por lo general, cuanto más oscuro el verde, más sana la hoja, pero mezclar las oscuras con lechugas más baratas te ayudará a estirar tu dinero a la vez que mezclas vitaminas. Las hojas tendrían que constituir un 60 % del cuenco. (Eso sí, lechuga iceberg no, por Dios. Sí, es lo más barato pero es un chasco nutricional.) Y otra cosa, no cortes las hojas siempre igual. Acaba siendo un aburrimiento. Añade variedad picando en juliana verduras de hoja como la col crespa, cortando una lechuga crujiente como la romana en tiras gruesas o echando hojas de rúcula o de achicoria enteras en la misma ensalada para que la cosa quede interesante.

2. **LA PROPINA:** Siempre está bien echar un montón de verduras al azar. No hay nada más triste que una ensalada de lechuga solitaria, algo que se autoriza únicamente a fin de mes cuando aún no se ha cobrado. Añade hortalizas picadas (zanahorias, pepinos, pimientos, tomates, brócoli, etc.) o frutas (manzana, pera, lo que te salga de ahí). Ya puestos, echa verduras o patatas asadas que te hayan sobrado. Las legumbres y los cereales hervidos también van de lujo. Estos elementos secundarios aportan un buen puñado de vitaminas y minerales a tu plato. Además contienen fibra para que te llenes y evacúes como un reloj suizo. Estas «propinas» tendrían que constituir un 35 % del cuenco. Emplea lo que esté de temporada para conseguir lo más sabroso y barato que haya a mano. Deja que la naturaleza te prepare el cóctel perfecto.

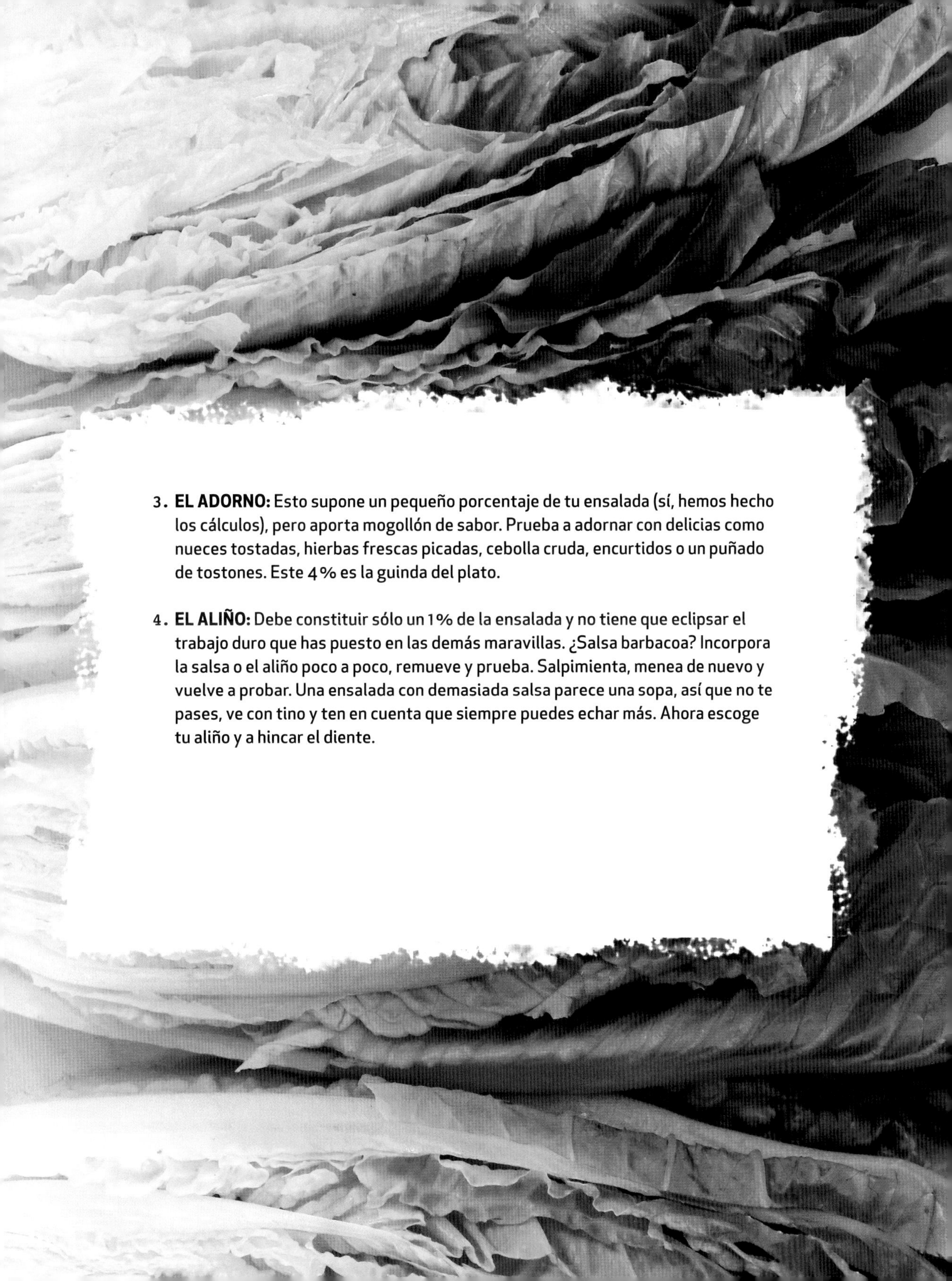

3. **EL ADORNO:** Esto supone un pequeño porcentaje de tu ensalada (sí, hemos hecho los cálculos), pero aporta mogollón de sabor. Prueba a adornar con delicias como nueces tostadas, hierbas frescas picadas, cebolla cruda, encurtidos o un puñado de tostones. Este 4 % es la guinda del plato.

4. **EL ALIÑO:** Debe constituir sólo un 1 % de la ensalada y no tiene que eclipsar el trabajo duro que has puesto en las demás maravillas. ¿Salsa barbacoa? Incorpora la salsa o el aliño poco a poco, remueve y prueba. Salpimienta, menea de nuevo y vuelve a probar. Una ensalada con demasiada salsa parece una sopa, así que no te pases, ve con tino y ten en cuenta que siempre puedes echar más. Ahora escoge tu aliño y a hincar el diente.

EN TU PROPIA SALSA

Guarda un frasco de estas mierdas en el frigo listo para usar y podrás poner una ensalada sobre la mesa en cuestión de minutos. Cada receta da para 1 taza de salsa, más o menos, una buena cantidad para toda la semana, a no ser que se te vaya la mano con el aliño. Cuando lo saques de la nevera, agita el frasco para que vuelva a mezclarse todo bien. Aguantan unas dos semanas en el frigo.

SALSA TAHINI (P. 32) Está rica con cualquier ensalada, de lujo con cilantro y albahaca y que te cagas con unos fideos de arroz.

SALSA DE ZANAHORIA ASADA Y COMINO (P. SIGUIENTE)
Es bastante espesa, pero está tremenda con una ensalada sencilla con cebolla morada y cilantro. ¡Coño!, es que está buena con casi todo.

SALSA DE SÉSAMO TOSTADO

½ taza de vinagre de arroz
1 cucharada de zumo de cítricos*
½ cucharadita de salsa de soja o tamari
2 cucharadas de aceite de sésamo tostado
3 cucharadas de aceite de oliva

Echa todos los ingredientes en un frasco y agita como si no hubiera un mañana. Prueba y añade más de lo que te salga de ahí.

** De naranja, lima o limón.*

VINAGRETA CANALLA

2 cucharadas de chalota picada o cebolla dulce*
1 ½ cucharaditas de mostaza de Dijon**
¼ taza de vinagre de vino tinto
¼ taza de vinagre de arroz
¼ taza de aceite de oliva

Echa todo en un frasco y agita a muerte. Prueba y añade más de lo que te salga de ahí. Puedes cambiar los vinagres por el que suelas echarle a tu mezcla de aliño favorita. Si quieres montarla más gorda todavía, añade 1 cucharadita de tu hierba seca favorita o tu mezcla de hierbas y agita a tope.

** Puedes sustituirlas por 2 dientes de ajo.*

*** Hace que ligue todo bien. Flipa.*

SALSA DE ZANAHORIA ASADA CON COMINO

3 zanahorias medianas
1 cucharadita de aceite de oliva
¼ cucharadita de comino molido
una pizca de sal
⅓ taza de vinagre de vino blanco*
¼ taza de agua
2 cucharadas de zumo de naranja
2 cucharadas de aceite de oliva

1 Precalienta el horno a 180°. Corta las zanahorias en trozos no mayores de 1 cm. Mezcla con el aceite, el comino y la sal. Asa en una fuente pequeña tapada hasta que las zanahorias estén tiernas (entre 30 y 40 minutos).

2 Deja que las zanahorias se enfríen un minuto y luego échalas en el robot de cocina con todo lo demás. Bate hasta que quede una salsa homogénea (unos 3 minutos).

** También va guay con vinagre de arroz.*

CEDE AL
ANTOJO
DE
TOSTONES.
JUSTIFÍCALO CON UN
BUENA ENSALADA

ENSALADA CÉSAR CON ALMENDRAS Y TOSTONES AL HORNO

¿Hay un hueco en tu plato donde tendría que haber una ensalada? Rellénalo con esto y ya nos darás las gracias en algún momento.

4 PERSONAS

- ⅓ taza de almendras laminadas o picadas
- ⅓ taza de agua caliente
- 1-2 dientes de ajo
- ¼ taza de aceite de oliva
- 2 cucharadas de zumo de limón
- 1 cucharadita de mostaza de Dijon
- 1 cucharadita de vinagre de arroz
- 1 cucharada de alcaparras*
- 1 lechuga, de tu favorita, picada
- un puñado de tostones al horno (receta abajo)

1 Pon las almendras en un vaso con el agua caliente y deja en remojo unos 15 minutos. Pica el ajo. Cuando las almendras empiecen a parecer blandas, pasa al robot de cocina o al vaso de la batidora con el agua de remojo, el ajo, el aceite, el zumo de limón, la mostaza y el vinagre. Mezcla todo bien hasta que no queden trozos de almendra y la cosa tenga aspecto cremoso. Venga, no te hagas el tonto: sabes perfectamente qué aspecto tiene una puta salsa césar. Incorpora las alcaparras y bate otros 5 segundos para que se piquen bien. Refrigera hasta la hora de comer.

2 Aliña tu lechuga favorita y tus tostones caseros con un par de cucharadas de la salsa porque tú sabes vivir la vida.

** Estas enanas suelen estar en el estante de las aceitunas. Pueden parecerte una pijada, pero un tarro te dura media vida y le da empaque a tu frigo. Añádelas a la marinara casera (p. 148) con unas cuantas aceitunas y guindilla picada y te habrás hecho una puttanesca por la cara.*

TOSTONES AL HORNO

4 ENSALADAS DE GUARNICIÓN

- ½ hogaza de pan de ayer (para unas 5 tazas de dados)
- 3 cucharadas de aceite de oliva
- 1 ½ cucharadas de zumo de limón
- 1 ½ cucharaditas de ajo en polvo
- 1 cucharadita de tomillo
- ¼ cucharadita de pimentón
- ¼ cucharadita de sal

1 Precalienta el horno a 200°.

2 Corta el pan en dados. Tendrían que salirte unas 5 tazas. Mezcla los otros ingredientes en un cuenco grande y remueve. Añade los dados de pan y menea bien para que todos tengan su dosis de amor. Reparte uniformemente en una bandeja y hornea 20 minutos; menea la cosa a los 10 minutos para que no se te queme. Sirve al instante o guarda al vacío en el frigo.

CÓMO ASAR AJOS

El ajo asado le da un rico dulzor mantecoso a prácticamente todo (a salsas para pasta, ensaladas y cremitas, por ejemplo) y no puede ser más fácil de hacer. Huye de cualquier restaurante que pretenda cobrarte más por esto: sería un asado a mano armada.

1. Precalienta el horno a 200°.
2. Pela todas las capas sobrantes de la cabeza del ajo. Lo suyo es que se quede de una pieza, pero no necesita quinientas capas para sobrevivir.
3. Corta poco más de medio centímetro por arriba para dejar a la vista las puntas de sus entrañas. Sí, las putas entrañas.
4. Envuelve todo en papel de aluminio y rocía la cabeza con ½ cucharadita de aceite de oliva antes de taparla. Asa en el horno hasta que los dientes estén bien dorados y huela que te cagas (unos 40 minutos).
5. Deja enfriar un poco y maja luego todos los dientes que necesites. Aguantan al menos 2 semanas en el frigo.

WEEK
TOMATE BOLA $.69
TEXAS ORANGE 79¢ LB
TOMATE ROMA 69¢
YUCA $.99 LB
JICAMA 39 LB
PLATANO MADURO $.79 LB
WHITE ONION CEBOLLA BLANCA .89¢ LB
69¢ LB
RED ON
1

CUSCÚS MARROQUÍ CON ESPECIAS

¿Cuscús? ¿Naranjas? ¿Canela?
¿En un plato salado? Anda y pruébalo.
A ver si tienes ovarios...

2-4 COMO PRIMERO O GUARNICIÓN

- 1 ½ tazas de cuscús
- ¼ cucharadita de sal
- ½ cucharadita de canela molida
- ½ cucharadita de pimentón
- ⅛ cucharadita de comino molido
- 1 ½ tazas de agua hirviendo
- 1 ½ cucharadas de aceite de oliva
- 2 ½ cucharadas de vinagre de arroz
- 2-3 tazas de espinacas*
- 1 taza de gajos de naranja cortados**

1 Mezcla el cuscús con la sal y las especias en un cazo mediano que tenga una tapa que se ajuste bien. Añade el agua hirviendo sobre el cuscús, sin salpicar por todas partes ni quemarte las manos. Menea bien y pon rápido la tapa. Deja reposar unos 8 minutos. El cuscús debería absorber toda el agua durante ese tiempo y tendría que estar blando cuando lo destapes. Tirado.

2 Mientras esperas sentada, mezcla el aceite de oliva y el vinagre de arroz en un vaso pequeño. Pica las espinacas en tiras gruesas.

3 Cuando el cuscús esté tierno, remueve con un tenedor para ahuecarlo, añade el aliño y remueve un poco más para impregnarlo todo. Agrega con cuidado los gajos de naranja y las espinacas. Sazona como te salga de ahí. Sirve frío o a temperatura ambiente.

** La col crespa en juliana también puede quedar guay.*

*** Se necesitan unas 5 naranjas pequeñas para esa cantidad, pero si son más grandes bastan 1 o 2.*

PILAF DE MIJO CON BRÓCOLI ASADO

El mijo puede parecer alpiste a simple vista, pero tiene magnesio por un tubo y es más barato que el copón. Prueba algo nuevo y dale una alegría (no un infarto) a tu corazón.

4 PERSONAS COMO PRIMERO O GUARNICIÓN

- 1 ramillete de brócoli
- 1 cucharadita y 1 cucharada de aceite de oliva
- 1 taza de mijo crudo*
- 2 tazas de agua
- sal y pimienta molida
- 5 dientes de ajo asados**
- 1 cucharada de zumo de limón

1 Precalienta el horno a 200° y pilla una bandeja honda.

2 Corta el brócoli en trozos no más grande que tu pulgar. Rocía el brócoli con 1 cucharadita de aceite, distribúyelo en una capa uniforme sobre la bandeja y asa hasta que esté ligeramente churruscado (unos 20 minutos).

3 Prepara el mijo mientras se hace el brócoli. Agarra un cazo mediano y pon a fuego medio sin aceite. Añade el mijo y remueve hasta que huela a tostado o hasta que te canses (unos 2 minutos). Así tiene un gusto a fruto seco, pero, si pasas como de la mierda del sabor, avanza y punto. Incorpora el agua y una pizca de sal y lleva a ebullición. Baja el fuego para que hierva plácidamente, tapa el cazo y deja hervir hasta que el mijo se ponga tierno (unos 25 minutos).

4 Reserva un par de minutos para hacer la salsa antes de que esté todo listo. Coge un vaso y maja los dientes de ajo asado contra el fondo para formar una pasta. Añade el zumo de limón, la cucharada de aceite que quedaba y ¼ cucharadita de sal hasta que parezca un auténtico híbrido entre pasta y salsa espesa. Listo.

5 Cuando el mijo esté cocido, échalo en un cuenco grande y añade la salsa de ajo asado. Remueve todo bien e incorpora el brócoli. Prueba y añade más sal, pimienta o zumo (a tu gusto). Sirve esta sencilla guarnición tibia o a temperatura ambiente.

* *¿Eh? Vete a la página xxiii, anda.*

** *¿Que no sabes asar ajo? Vuelve a la página 40 y estudia un poco.*

QUINOA A LA MENTA Y AL LIMÓN

Demuéstrale a la peña que la menta no es sólo un sabor de chicle.

4 PERSONAS COMO PRIMERO O GUARNICIÓN

- 1 cucharadita y 2 cucharadas de aceite de oliva
- 1 ½ tazas de quinoa*
- 2 ¾ tazas de agua
- ¼ cucharadita de sal
- ½ cucharadita de ralladura de limón**
- 2 cucharadas de zumo de limón
- 1 ½ cucharadas de vinagre de arroz
- ⅓ taza de menta fresca picada
- 2 cucharadas de cebolleta picada
- ½ taza de almendras laminadas y tostadas (opcional)***

1 Pilla un cazo mediano con tapa y calienta 1 cucharadita de aceite a fuego medio. Añade la quinoa y saltea hasta que empiece a oler a frutos secos (unos 2 minutos). Agrega el agua y la sal y lleva a ebullición. Tapa, baja el fuego y deja cocer hasta que la quinoa esté tierna (de 15 a 18 minutos). Si se ha hecho la quinoa pero queda agua, cuela con el escurridor. Devuelve todo al cazo y tapa con un paño mientras preparas las demás historias.

2 Mezcla bien la ralladura y el zumo de limón, el vinagre y las 2 cucharadas de aceite en un vaso pequeño. Cuando la quinoa se haya enfriado durante un par de minutos, añade el aliño de limón y menta y la cebolleta. Mezcla bien e incorpora las almendras. Prueba para ver si quieres más sal, menta o lo que te salga de ahí. Sirve a temperatura ambiente o en frío.

* *Aclara con agua fría para que, al cocerla, no se ponga amarga.*

** *Utiliza los agujeritos pequeños del rallador. No te hace falta ningún cacharro moderno.*

*** *Las almendras son opcionales, pero aportan una textura crujiente que queda del carajo. No te arrepentirás.*

ENSALADA DE PATATAS ASADAS A LAS HIERBAS

Con esta ensalada tuberculosa quedarás como Dios en la próxima cena de amigos. Las hierbas frescas harán que te olvides de esas ensaladillas puercas que a duras penas te tragas en los pícnics.

4 PERSONAS COMO PRIMERO O GUARNICIÓN

1 Métele caña al horno (200°).

2 Corta las patatas en mitades a lo largo. Si por alguna razón los trozos no quedan tamaño bocado, corta en cuartos y echa en un cuenco. Mezcla con el aceite de oliva, el pimentón y la sal hasta que se vea todo bien impregnado. Pasa a una bandeja honda, reparte en una sola capa y asa a muerte unos 25 minutos, pero dales la vuelta a medio camino.

3 Mientras se asan las patatas, prepara el aliño de hierbas. Puedes echar todo los ingredientes en un robot de cocina y batir hasta que esté todo bien mezclado o puedes picar y mezclar a mano si no quieres ensuciar otro cacharro.

4 Cuando estén tiernas, deja que las patatas se enfríen unos 10 minutos. Échalas en un cuenco grande y cubre con el aliño de hierbas asegurándote de que todas las papas reciben su dosis de amor. Prueba y salpimienta hasta que esté todo al gusto de la dama o el caballero. Mete en el frigo al menos 1 hora para que las patatas absorban todo el sabor y el ajo se tranquilice un poco. Sirve fría o a temperatura ambiente.

* *Opcional, pero muy recomendable.*

450 g de patatas blancas o amarillas pequeñas y sin pelar
1 cucharada de aceite de oliva
½ cucharadita de pimentón ahumado (opcional)*
¼ cucharadita de sal

ALIÑO DE HIERBAS FRESCAS

½ taza de perejil fresco picado
½ taza de cebolletas picadas
1 diente de ajo picado
2 cucharadas de aceite de oliva
2 cucharadas de vinagre de vino tinto
1 cucharada de agua
1 cucharadita de zumo de limón

TE VAS A ENTERAR

TU AMIGO EL CUCHILLO

Se nos ha ocurrido que no estaría ni mal enseñarte unas fotos de a qué coño nos referimos cuando te decimos que cortes algo. A lo mejor te la suda, pero el tamaño de las verduras puede hacer que claves o cagues un plato. Los distintos tamaños hacen variar los tiempos de cocción, la textura del alimento y el sabor del conjunto. Piénsalo: un trozaco de cebolla no tiene nada que ver con un poco de cebollita picada cuando se cocina una marinara. Intenta hacer caso a lo que te sugerimos en cada receta para que te salga la comida lo más de puta madre posible y ten siempre los cuchillos bien afilados.

DE PODER
A
PODER
QUE
GANE
EL
MÁS
FUERTE

COL ESTOFADA
CON PATATAS

Esta guarnición es más simple que un ocho. Corta. Echa. Asa. Vuelta. Listo. Esta receta pega mucho en invierno, cuando las otras verduras tienen mala cara. LA COL TRAE MUCHA COLA.

4-6 PERSONAS COMO PRIMERO O GUARNICIÓN

- 1 col pequeña (medio kilo aprox.)
- ½ cebolla
- 3 zanahorias
- 1 taza de caldo de verduras
- 2 cucharadas de aceite de oliva
- 250 g de patatas blancas o amarillas pequeñas
- 3 dientes de ajo picados
- 1 cucharada de romero fresco picado
- sal y pimienta molida
- 1 cucharada de zumo de limón

1 Precalienta el horno a 180°.

2 Corta la col por la mitad y parte en cuñas no más gruesas de 4 cm. Si el corazón es más grueso de la cuenta, arráncalo de cuajo y desecha. Pica gruesas la cebolla y las zanahorias. Los trozos grandes van bien porque tendrán tiempo de hacerse por dentro.

3 Pilla una fuente de horno de 20×30 cm y coloca los trozos de col en una única capa. Añade por encima la cebolla y las zanahorias troceadas y agrega el caldo y el aceite. Cubre con papel de aluminio y hornea 40 minutos.

4 Mientras el rollo col se estofa, parte en dos las patatas. Lo suyo son trozos tamaño cuchara sopera. Cuando pasen 40 minutos, saca la col del horno y voltea las cuñas. Lo siguiente es añadir las patatas por encima de la col y echar por encima el ajo, el romero y ¼ cucharadita de sal. Menea las patatas para que se bañen un poco en el caldo que quede, pero tampoco te vayas a tirar una hora con esto: no te molestes. Vuelve a cubrirlo y deja hornear 40 minutos más. Retira luego el aluminio y deja otros 10 minutos.

5 Cuando haya pasado todo ese rato, saca del horno la fuente, que pesará como un mulo, riega con el zumo de limón y salpimienta al gusto. Sirve en caliente. Un poco de salsa picante para las patatas no sería ninguna locura.

ENSALADA DE REMOLACHA ASADA Y QUINOA

Cuando se hace mal, la remolacha está asquerosa, pero, bien asada, esta remolona se pone dulzona y encantadora.

4 PERSONAS COMO PRIMERO O GUARNICIÓN

VINAGRETA

1 cebolleta o cebolla pequeña troceada (unas 2 cucharadas)

1 cucharadita de mostaza de Dijon

3 cucharadas de vinagre de vino blanco, balsámico o de champán

¼ taza de aceite de oliva

ENSALADA

3 remolachas medianas, peladas y cortadas en trozos pequeños (1 ½ tazas aprox.)

1 cucharadita del vinagre que hayas usado para la vinagreta

2 cucharaditas de aceite de oliva

sal y pimienta molida

2 tazas de agua

1 taza de quinoa lavada

1 taza de col crespa, sin tallos, en juliana fina

¼ taza de hierbas frescas picadas*

1 Métele caña al horno (200°). Pilla una bandeja honda y ponla en espera.

2 Prepara la vinagreta: junta todos los ingredientes en un bote y agita como si no hubiera un mañana.

3 Para la ensalada: pon las remolachas en un cuenco mediano y añade el vinagre, el aceite de oliva y una pizca de sal. Las remolachas te dejarán las manos rojas, como si hubieras matado a alguien. No pasa nada: se va con agua, ahórrate el llanto. Echa la mezcla en la bandeja y asa unos 20 minutos, pero menea a media cocción.

4 Mientras las remolachas se asan, lleva a ebullición el agua en una olla mediana. Añade la quinoa. Cuando vuelva a hervir, tapa y pon a fuego lento. Sigue cociendo hasta que esté tierna (unos 15 minutos). Prueba, vida mía. Escurre el agua que quede en la olla y pasa la quinoa a un cuenco mediano. Añade la col crespa y, seguidamente, la vinagreta. Pon las hierbas frescas que prefieras y mezcla bien.

5 Cuando esté hecha, coloca la remolacha sobre la quinoa y salpimienta al gusto. Sirve la ensalada a temperatura ambiente o refrigera para que se enfríe.

* *Eneldo, albahaca o perejil, cualquiera vale. Emplea la hierba que esté languideciendo en la nevera.*

ENSALADA VIETNAMITA DE FIDEOS DE ARROZ

Cuando hace un calor de infierno y necesitas un almuerzo refrescante, convierte esta ensalada en el plato fuerte añadiendo un poco de tofu asado con sésamo y jengibre (p. 77). Verás lo que es bueno.

4 PERSONAS COMO PLATO FUERTE, 6 COMO PRIMERO

- 1 paquete (200 g) de *vermicelli* de arroz o fideos de arroz finos
- ½ lechuga troceada*
- 2 zanahorias medianas en juliana fina
- 1 pepino pelado y cortado en juliana fina
- 1 taza de hojas de menta fresca picadas finas
- 1 taza de hojas de albahaca fresca picadas finas
- 1 taza de cilantro picado
- 1 taza de cebolletas en juliana
- salsa de sésamo tostado (p. 37) con 1 diente de ajo picado para que tenga más pegada
- ½ taza de cacahuetes tostados con sal (picados)
- trozos de lima para servir

1 Haz la pasta según las instrucciones del paquete. Cuando esté lista, escurre y lava con agua fría hasta que quede fría al tacto. Reserva.

2 Mientras tanto ve preparando todas las verduras y las hierbas y haz el aliño.

3 Para servirlo, pon un buen montón de fideos en el centro de cada plato. Coloca alrededor de la montañita la lechuga, las verduras y las hierbas sin tapar mucho los fideos. Riega con el aliño tanto los fideos como las verduras y las hierbas y echa a continuación los cacahuetes. Sirve con cuñas de lima.

* *La que quieras, pero que sea blandita. No le des muchas vueltas.*

DEJATE DE
PIJADAS.
CÓMETE UN
SÁNDWICH
DE VERDAD,
¡COÑO!

ÁNDWICH DE PICADILLO E GARBANZOS Y ALMENDRAS AHUMADAS

No te puedes ni imaginar cómo está este sándwich. Es que, ¡joder!, no podemos ni... hazlo y calla. Fíate.

4-6 SÁNDWICHES SEGÚN LO GORDOS QUE TE GUSTEN

1 Precalienta el horno a 180° y unta ligeramente una bandeja.

2 Para hacer las almendras: mezcla todos los ingredientes líquidos en un cuenco pequeño y, en un cuenco aparte, combina la levadura nutricional, el pimentón y el ajo en polvo. Echa las almendras en el cuenco de los líquidos y remueve hasta que queden bien impregnadas. Péscalas de vuelta y echa en el otro cuenco con los condimentos y remueve hasta que queden recubiertas. Cuando parezcan bien impregnadas, vuelve a pescarlas y reparte por la bandeja. Tuesta en el horno unos 10 minutos, dales la vuelta y vuelve a meter otros 5 minutos. Saca del horno y deja que las señoritas se enfríen.

3 Mientras tanto, pon en un cuenco grande los garbanzos, el aguacate y el zumo de limón y aplástalo todo a muerte. Si quedan algunos trozos gordos no pasa nada, como más te guste. Incorpora la cebolla, el eneldo, el apio, la salsa picante, la sal y la pimienta y mezcla bien.

4 Cuando se hayan enfriado las almendras, pica y agrega al cuenco.

5 Sirve este relleno sobre pan tostado con mostaza de Dijon, lechuga y tomate. Está más rico recién hecho; en el frigo aguanta bien, pero pierde un poco el crujiente.

* *Si estás en modo vago, siempre puedes comprar almendras ya ahumadas.*

** *¿Eh? Vete a la página 10, anda.*

*** *O dos botes de 400 gramos.*

**** *1 limón o 2.*

ALMENDRAS AHUMADAS EN PLAN RÁPIDO*

- 2 ½ cucharaditas de humo líquido**
- ½ cucharadita de aceite de oliva
- 1 cucharadita de salsa de soja
- 1 cucharadita de jarabe de arce
- 2 cucharaditas de levadura nutricional**
- 1 cucharadita de pimentón ahumado
- 1 cucharadita de ajo en polvo
- ¾ taza de almendras crudas

SÁNDWICHES

- 3 tazas de garbanzos cocidos***
- 1 aguacate
- 3 cucharadas de zumo de limón****
- ¾ taza de cebolla morada troceada (½ cebolla aprox.)
- ⅓ taza de eneldo fresco picado
- ⅓ taza de apio troceado
- 1-2 cucharaditas de tu salsa picante favorita
- ½ cucharadita de sal
- pimienta molida al gusto
- 8-12 rebanadas de pan, tostadas
- mostaza de Dijon, lechuga y tomate

TE VAS A ENTERAR

TOFU CONTRA TEMPE

Si te da por comer en plan vegetariano, te vas a encontrar con un poco de soja. Eso es asín. Pero la soja tiene mala fama en los sitios donde no se come por tradición. La gente, que critica por criticar... No es sólo una fuente de proteína baja en calorías y grasas, sino que la American Cancer Society asegura que comer productos derivados de la soja como el tofu y el tempe puede disminuir el riesgo de padecer muchos cánceres. Está guapo conocer la diferencia para saber qué coño estás comiendo y cómo es mejor cocinarlo. Y deja de preocuparte por los rollos esos de los estrógenos. ¿Comes sólo carne de animales machos? ¿NO? Entonces cierra la puta boca.

El **TOFU**, al ser más conocido, es objeto de más tirria. Se elabora con leche de soja, que se cuaja y se deja espesar en bloques. Solo puede resultar un poco anodino. La gente que no tiene ni puta idea se dedica a servir a palo seco este dechado de proteínas y, claro, es lo peor. No pases de todo un grupo de productos por culpa de un cocinero penoso. Una taza de tofu contiene 20 gramos de proteínas, es rico en calcio y hierro y no tiene colesterol. Puedes encontrarlo en los refrigerados de los supermercados.

El **TEMPE** puede sonarte a jipiada, pero está que te cagas de bueno. Es un bloque hecho de semillas de soja fermentadas. Originario de Indonesia, esta ricura se está popularizando a saco. Como es fermentado, a veces puede parecer que tiene moho, pero es así y punto. Firme y gomoso, añade un huevo de textura a cualquier mierda que hagas. Al igual que el tofu, mola saber cómo coño cocinarlo, así que sigue una de las recetas de este libro y no te inventes las cosas. Y si te importan los números, 1 taza de tempe tiene 30 g de proteínas... ¡la hostia! Búscalo en los refrigerados de una tienda ecológica bien surtida o por Internet.

SÁNDWICHES SABROSONES DE TEMPE Y ANAHORIAS

No te sorprendas si acabas haciendo este bocadillo un día a la semana para almorzar. Las zanahorias ahumadas y adobadas le ponen un crujiente que deja otros sándwiches a la altura del betún.

4 SÁNDWICHES DE TAMAÑO NORMAL

225 g de tempe
2 zanahorias medianas

MARINADA AHUMADA

1 taza de caldo de verduras o agua
¼ taza de salsa de soja o tamari
2 cucharadas de zumo de limón
1 ½ cucharadas de humo líquido*
2 cucharaditas de jarabe de arce u otro jarabe dulce
4 dientes de ajo, cortados en láminas gruesas
½ cucharadita de comino molido

MONTAJE

1 cucharada de aceite de oliva
lechuga, rodajas de tomate, aguacate, cebolla morada y mostaza
4 rollitos u 8 rebanadas de pan tostadas

1 Corta el tempe en rectángulos de medio centímetro de grosor y tres de largo. Haz lo mismo con las zanahorias para que sean del mismo tamaño y forma. No hace falta sacar la regla, ¡joder! ¡Usa el ojímetro!

2 Lo siguiente, haz la marinada: pon todos los ingredientes en un cazo y calienta a fuego medio-lento. Añade el tempe y las zanahorias y remueve con cuidado. No va a quedarse todo cubierto, así que haz lo que puedas, anda. Cuando la cosa se haya rehogado unos 30 segundos, apaga el fuego y pasa a una fuente poco profunda, como de tarta o similar. Tapa y mete en el frigo para que se adobe más de 4 horas y menos de 8. Sí, tía, un poco de previsión. Te dijimos que leyeras la puta receta primero.

3 Cuando vayas a montar los sándwiches, prepara el tempe y la zanahoria. Calienta el aceite a fuego medio en una sartén honda o un wok. Fríe los rectángulos hasta que el tempe empiece a dorarse (de 2 a 3 minutos por cada lado). Las zanahorias pueden estar un poco antes, así que no te despistes. Si se ven algo resecas o el tempe tiene pinta de pegarse, añade dos cucharadas de marinada.

4 Cuando el tempe esté dorado, ya puedes hacer tu inigualable sándwich. Pon la lechuga, el tomate, el aguacate y la cebolla morada sobre tu pan tostado favorito con un poco de mostaza. Añade una capa de zanahoria y luego otra de tempe, tapa el monstruito e híncale el diente. Si necesitas más ayuda para hacer un puto bocadillo, míralo en Internet y lamenta tu torpeza.

* *¿Eh? Vete a la página 10, anda.*

ROLLITOS DE PRIMAVERA CON SETAS

He aquí unos burritos sexis, fríos y transparentes. Paséalos por una fiesta y mira cómo todo el mundo se queda en plan «¡maaadre!».

10-12 ROLLITOS DE LOS QUE LA GENTE HABLARÁ DURANTE SEMANAS

RELLENO

225 g de setas*
3 dientes de ajo
½ cucharadita de aceite con sabor neutro
1 ½ cucharaditas de salsa de soja o tamari
⅓ taza de cebolleta picada
2 cucharadas de jengibre fresco picado
½ cucharadita de aceite de sésamo tostado

SALSA AGRIDULCE PARA MOJAR (OPCIONAL)

½ taza de vinagre de arroz
2 cucharadas de azúcar
2-3 cucharaditas de pasta asiática de guindillas y ajo
1 cucharadita de zumo de lima
¼ taza de cacahuetes triturados

ROLLITOS

6 hojas de lechuga
1 pepino
1 zanahoria
1 taza de hierbas frescas**
1 paquete de obleas grandes para rollitos/de papel de arroz***

1 Limpia y corta las setas en rodajas no más gruesas que un dedo y pica el ajo. Calienta en un wok o una sartén honda el aceite neutro a fuego medio. Añade las setas y saltea hasta que empiecen a soltar mogollón de líquido, de 1 a 2 minutos. Agrega la salsa de soja, las cebolletas, el jengibre y el ajo y rehoga hasta que se evapore la mayor parte del liquidillo (unos 2 minutos más). Pasa el relleno a un cuenco para que se enfríe y moléstate en pasarle un paño al wok; luego habrá menos que limpiar. De nada...

2 Si vas a hacer la salsa, hazla ahora, anda. Pon el vinagre y el azúcar en un cazo pequeño y deja a fuego medio unos 4 minutos removiendo de tanto en tanto. Añade la pasta picante y el zumo de lima y apaga el fuego. Cuando se enfríe (un par de minutos), pasa a un vaso y refrigera. Tranquilidad con los cacahuetes.

3 Venga, ahora a cortar verduras. Esta receta es muy ecléctica con el relleno, así que tú a tu bola y usa lo que tengas. Eso sí, asegúrate de contar con un poco de lechuga, algo crujiente (tipo pepino o zanahoria) y por lo menos una hierba fresca. Quedan ricos casi con cualquier cosa. Córtalo todo, salvo la lechuga, en tiritas de unos 3 cm de largo. Corta la lechuga en tercios.

* *Las que encuentres frescas.*

** *Una mezcla de cilantro, menta y albahaca queda de maravilla, pero usa las que pilles.*

*** *Parecen un montón de frisbis de papel blancos. Suelen estar al lado de la salsa de soja y son más baratos que el copón.*

(Todavía no has terminado, listillo... sigue en la página 58.)

¡HOSTIA!
¿ESO SON
ROLLITOS DE
PRIMAVERA?
TÚ LO
HAS
DICHO.

4 Y ahora viene lo guapo. Calienta unos 8 cm de agua en el mismo wok o sartén donde has hecho las setas. Lo suyo es que el agua esté caliente, pero no demasiado porque vas a meter la mano en ella. Como el té o algo así. Apaga el fuego. Introduce una oblea en el agua entre 10 y 15 segundos (hasta que se doble como un tallarín). Elimina el exceso de agua y pon ese chisme en un plato.

5 Dobla la oblea por la mitad, en plan taco, con la parte más larga en la base. Pon una hoja de lechuga, unos 2 dedos de verduras y hierbas y una cucharada de las setas salteadas en la parte izquierda del semicírculo que has montado. Dobla una vez, de izquierda a derecha, y luego dobla la parte de abajo hacia arriba, en plan burrito. Sigue enrollando hasta que quede más o menos apretado y aplasta con cuidado la solapa final contra el rollito. Si sabes hacer un burrito, ya tienes controlado el tema. Sigue haciendo rollitos hasta que te quedes sin relleno o sin aliento.

6 Para servir, añade los cacahuetes triturados a la salsa. Los rollitos montados aguantan en el frigo unos 2 días, pero si tú aguantas ese tiempo es que estás fatal.

TE VAS A ENTERAR

LOCURA HERBARIA

Las hierbas frescas quieren ser tus amigas. En este libro pedimos muchas hierbas secas porque son más baratas y fáciles de tener a mano cuando quieras bregar en la cocina. Van bien para añadirlas a un plato en los primeros estadios de cocción porque necesitan tiempo para humedecerse y soltar todos sus sabores y aromas. Pero si quieres que tu plato gane diez puntos, úsalas frescas. Tienen más frescura (como es obvio), muestran un color más vivo que sus hermanas secas y son una forma fácil de mezclar sabores.

Por lo general, las hierbas secas están más concentradas que las frescas, de modo que multiplica cualquier medida por 3 si sustituyes las primeras por las segundas. Si pones 1 cucharadita de tomillo en una receta, que sean 3 cucharaditas o 1 cucharada de tomillo fresco. ¡Buum! Y otra cosa: si un plato acaba con muy mala pinta, échales por encima un poco de perejil, albahaca o cilantro y parecerá comida «artesana». Siempre funciona.

PIMIENTOS RELLENOS DE CEBADA

La cebada está de muerte y se parece mucho al arroz, aunque tiene un sabor más especiado. También tiene manganeso, fibra alimentaria, selenio y vitamina B_3, entre otras bondades. Déjate de bobadas y pruébala.

4 PIMIENTOS RELLENOS

1 Calienta el aceite en una olla mediana a fuego medio. Añade la cebolla y cocina hasta que empiece a dorarse (unos 3 minutos). Pon el apio, la zanahoria, el ajo, el tomillo y el orégano y rehoga otros 2 minutos. Añade la cebada, el tomate y el vinagre y remueve. Agrega luego el caldo, la sal y la pimienta y deja rehogar a fuego lento. Cuece sin tapar hasta que la cebada absorba el caldo y quede tierna (unos 15 minutos).

2 Mientras se cuece la cebada, precalienta el horno a 190°. Corta la parte superior de los pimientos y retira las pepitas. Ponlos en un molde de tarta o similar (algo en lo que no estén resbalándose de aquí para allá cuando estén rellenos).

3 Una vez lista la cebada, incorpora las judías y apaga el fuego. (El relleno puede hacerse un día o dos antes sin ningún problema.) Rellena los pimientos hasta arriba, cubre bien con papel aluminio y hornea hasta que estén tiernos (de 45 minutos a 1 hora). Deja reposar 5 minutos después de sacarlos del horno porque quemarán un huevo. Adorna con perejil y sirve.

***** *O un bote de 400 g.*

2 cucharadas de aceite de oliva
½ cebolla picada
2 ramitas de apio troceadas
1 zanahoria troceada
3-4 dientes de ajo picados
2 cucharaditas de tomillo
1 ½ cucharaditas de orégano
1 taza de cebada perlada
1 tomate troceado (½ taza aprox.)
2 cucharadas de vinagre de Jerez o de vino tinto
2 tazas de caldo de verduras
½ cucharadita de sal
¼ cucharadita de pimienta molida
4 pimientos (del color que pilles)
1 ½ tazas de judías blancas o rojas*
¼ taza de perejil fresco picado

FIDEOS SOBA CON BERENJENA A LA PARRILLA

Perfectos para mediados de verano, cuando los precios de la albahaca y las berenjenas están por los suelos y te has gastado todo la pasta en un ventilador nuevo.

4 PERSONAS O SÓLO 1 SI QUIERES COMERLOS TODA UNA SEMANA

BERENJENA MARINADA

- ½ taza de vinagre de arroz
- ¼ taza de agua
- ¼ taza de salsa de soja o tamari
- 2 cucharadas de aceite de sésamo tostado
- 1 cucharada de jarabe de agave o cualquier otro líquido edulcorante
- 2 dientes de ajo picados
- 1 berenjena mediana (450 g aprox.)

FIDEOS

- 225 g de fideos soba*
- 1 cucharada de aceite de sésamo tostado
- 1 cucharada de vinagre de arroz
- 3 cucharadas de agua
- ½ taza de albahaca fresca cortada en tiras finas
- 1 ½ cucharadas de sésamo

1 Mezcla todos los ingredientes de la marinada en un vaso. Corta la berenjena en rodajas de poco más de ½ cm. Pasa a un cuenco grande y vierte la marinada por encima. Deja marinar un mínimo de 15 minutos y un máximo de 1 hora (si tienes tiempo por una puta vez en tu vida).

2 Mientras se adoba la berenjena, cuece los fideos soba siguiendo las instrucciones del paquete. Escurre y lava con agua fría para detener la cocción. Pon los fideos en un cuenco grande y añade el aceite de sésamo tostado y el vinagre de arroz. Remueve bien.

3 Calienta el grill del horno o la parrilla a fuego medio (entre 150 y 175°). Unta con aceite la sartén. Cuando terminen de marinarse, pasa por la parrilla las rodajas de berenjena (2-3 minutos por cada lado o hasta que se vean las marcas de la parrilla). No tires la marinada. Si empiezan a parecer algo secas, saca las rodajas e introdúcelas en lo que queda de marinada o úntalas con una brocha de cocina y sigue cocinando hasta que se hagan por dentro. Hidratación de berenjenas. ¡Buum!

4 Cuando estén hechas y se hayan enfriado ligeramente, corta las berenjenas en cuadraditos de medio centímetro. Mezcla ½ taza de la marinada restante con 3 cucharadas de agua. Echa ese brebaje sobre los fideos y remueve. Añade la berenjena y la albahaca y menea de nuevo. Adorna con el sésamo y sirve a temperatura ambiente o en frío.

* *Puedes usar pasta de trigo integral o de lo que veas, pero los fideos soba (de trigo sarraceno) están de cojones.*

FLAUTAS ASADAS DE MAÍZ DULCE
Y PIMIENTO VERDE

Si sabes lo que son las flautas, no hace falta que te demos el coñazo. Si no sabes de qué te hablamos, pilla la mochila porque te llevamos al cole. Sírvelas con salsa mexicana y guacamole si quieres quedar como un señor.

UNAS 12 FLAUTAS HECHAS CON TORTILLAS DE TRIGO

- aerosol de cocina
- 1 cucharadita de aceite de oliva
- 1 taza de cebolla amarilla o blanca picada (½ cebolla aprox.)
- 2 cucharaditas de pimentón picante
- ¾ cucharadita de comino molido
- ½ cucharadita de sal
- 4-5 dientes de ajo picados
- 3 tazas de judías pintas cocidas
- 1 bote (125 g) de pimientos verdes suaves*
- el zumo de ½ lima
- 1 taza de granos de maíz dulce**
- 12 tortillas de trigo

** Si no los encuentras, puedes asar 2 chiles poblanos siguiendo el método para asar pimientos de la página 161.*

*** Equivale más o menos a una mazorca. Puedes recurrir al maíz congelado si no encuentras otra cosa.*

1 Métele caña al horno, a 200°. Pilla una bandeja grande y rocíala con el aerosol.

2 Calienta a fuego medio el aceite en una sartén grande y agrega la cebolla. Rehoga hasta que se dore (unos 5 minutos). Añade el chile en polvo, el comino, la sal y el ajo, rehoga otros 30 segundos y apaga entonces el fuego.

3 Junta en un cuenco grandote las judías, los chiles y el zumo de lima. Maja con la ayuda de un mazo o una cuchara hasta formar una pasta. Si quedan judías enteras, mola; tampoco hace falta pasarse todo el puto día maja que te maja. Incorpora la cebolla salteada y el maíz y remueve a muerte. Ya tienes el relleno.

4 Calienta las tortillas en una parrilla, en el horno o el microondas. Coge unas 2 cucharadas colmadas de relleno y extiende por una bonita línea cerca del borde izquierdo de una tortilla, de arriba abajo. Enróllala luego bien apretadita, de izquierda a derecha. Puedes incluso poner judías en la otra punta de la tortilla para ayudar a sellarla. Pon la flauta con el borde hacia abajo en la fuente de horno, a unos 2 cm de su hermana más próxima. Asegúrate de que el relleno llega hasta las puntas y ve fijándote en cómo lo distribuyes en la siguiente. Sigue hasta que te quedes sin tortillas o sin relleno.

5 Rocía ligeramente con el aerosol y hornea 10 minutos. Al sacarlas, las flautas deberían estar doradas por abajo (si no, mételas otros 2 minutos). Cuando tengan buena pinta, dales la vuelta y hornea hasta que estén doradas y crujientes por ambos lados (otros 5-7 minutos). Sirve en caliente con lechuga y salsa mexicana si quieres impresionar a cualquier tarado.

CUANDO LA
FLAUTA
SUENA...
A GLORIA.

JUDÍAS DE CARETA CON BERZA Y BONIATO ASADO

Nadie se quejará cuando sirvas este plato de puro sabor. Un poco dulce, un poco ahumado... En definitiva: que te cagas de rico.

6 PERSONAS

- 1 ½ tazas de judías de careta
- 6 boniatos medianos o grandes
- 2 cucharaditas de aceite de oliva
- 1 cebolla cortada en trocitos tamaño guisante
- 3 ramitas de apio cortadas en trocitos tamaño guisante
- ¼ cucharadita de sal
- ½ cucharadita de pimienta inglesa molida*
- ½ cucharadita de nuez moscada rallada
- ½ cucharadita de pimentón
- 2-3 dientes de ajo picados
- 3-4 chiles chipotles en trocitos tamaño guisante**
- 3 tazas de caldo de verduras
- 2-3 porciones de verduras escaldadas (p. 80)

1 Lava las judías y desecha las que tengan mala pinta. Échalas en un cuenco grande y cubre con unos 5 cm de agua. Deja en remojo por la noche o un mínimo de 6 horas. Después, escurre las judías y manos a la masa, ¡coño!

2 Antes de cocer las judías, métele caña al horno (200°). Pilla los boniatos y pínchalos en varios puntos con un tenedor (por cabrones). Así sueltan vapor mientras se asan. Ponlos en una bandeja y asa hasta que puedas atravesarlos con un cuchillo sin que se resistan (unos 45 minutos).

3 Y ahora, de vuelta a las judías. Calienta el aceite de oliva a fuego medio en una olla grande. Echa la cebolla y sofríe hasta que se dore por algunos puntos (unos 5 minutos). Mete el apio y cocina hasta que empiece a ablandarse (unos 2 minutos). Añade la sal y las especias y sigue rehogando unos 30 segundos. Agrega el ajo y los chipotles y sofríe otros 30 segundos.

4 Mete en la olla las judías escurridas junto con el caldo y deja que se hagan a fuego lento. Cuece sin tapar hasta que estén blandas. Puede llevarte entre 30 minutos y 60 minutos según las horas que las hayas dejado en remojo. Si ves que se quedan sin líquido antes de hacerse, añade un poco de caldo o agua. Si las judías ya están tiernas y todavía hay bastante caldo, retira un poco. No es tan difícil, colega. Eso sí, prueba cuando termines para ver si hay que añadir más hierbas o especias.

5 Escalda la berza antes de que terminen de asarse los boniatos.

6 Cuando estén los boniatos, pártelos a lo largo y ahuécalos con un tenedor. Si quieres, riega con un poco de aceite de coco o añade una pizca de sal para darles vidilla. Echa al menos 1 taza de judías y 2 tazas de berza sobre los boniatos. Sirve sin demora.

¿POR QUÉ COÑO CREES QUE ESTAS JUDÍAS SON DE CARETA?

* *Ni es pimienta ni es inglesa, sino una baya de nombre equívoco. Se conoce también como pimienta de Jamaica y abunda en la comida caribeña. La hallarás en tiendas de especias.*

** *Estos chiles ahumados suelen estar al lado de la salsa mexicana y los frijoles. Cuando los piques, ábrelos y aparta las pepitas. Si prefieres que el guiso quede picante, deja algunas, pero antes de tomar la decisión considera el futuro bienestar de tu ojete...*

los

JUDÍAS ESTOFADAS CON MANZANA

Estas judías están del carajo con las hamburguesas de judías blancas y lentejas rojas (p. 170) o en un cuenco (p. 174) con el pilaf de mijo con brócoli asado (p. 43) o con las verduras escaldadas (p. 80).

6 PERSONAS COMO PRIMERO O GUARNICIÓN

- 1 ½ tazas de judías blancas sin cocer
- 5 tazas de agua
- 2 cucharaditas de aceite de oliva
- ½ cebolla troceada
- 1 diente de ajo picado
- 1 cucharadita de pimentón ahumado
- 1 lata (400 g) de salsa de tomate baja en sal o sin sal
- 1 cucharada de melaza
- 1 cucharada de vinagre de manzana
- 2 cucharadas de azúcar moreno
- 2 cucharaditas de salsa de soja o tamari
- 1 ramita de romero fresco*
- 2 ½ tazas de caldo de verduras
- 1 manzana mediana troceada en dados

1 Lava las judías y aparta las que tengan mala cara. Échala en un cuenco grandote con el agua y deja en remojo por la noche.

2 Cuando se hayan ablandado un poco, es hora de hacer una comida de la hostia. Escurre las judías. Pilla una olla grande y calienta el aceite a fuego medio. Incorpora la cebolla y sofríe hasta que empiece a dorarse (unos 5 minutos). Añade el ajo y el pimentón ahumado y rehoga unos 30 segundos. Echa las judías escurridas, la salsa de tomate, la melaza, el vinagre, el azúcar moreno, la salsa de soja y el romero. Remueve bien, deja que cueza todo a fuego lento y añade el caldo. Puede parecer que estás haciendo un conjuro o una mierda parecida, pero tú sigue y calla.

3 Cocina a fuego lento hasta que las judías estén casi tiernas. Debería llevar 1 hora o así, pero depende del tiempo que tengan las judías y de las horas en remojo. Cuando estén casi hechas, añade la manzana. Sigue rehogando hasta que la manzana quede tierna y las judías, blandas (unos 30 minutos más). Desecha la ramita de romero y sirve.

* *Sí, con el palito y toda la pesca. Ya se desprenderán las hojitas solas. Aparta la ramita cuando estén listas las judías, y a correr.*

ARROZ FRITO
CON BONIATO A LAS
5 ESPECIAS

El truco para un buen arroz frito es usar arroz cocido que te haya sobrado de otro plato. El recién cocido se queda hecho una plasta y no mola nada. Así que luego no des por culo si la cagas: ¡avisado quedas! Añade un poco de tofu frito (p. 154) para tener un plato fuerte.

4 COMO PRIMERO O PARA DOS NOCHES DE SOLEDAD

1 boniato mediano (350-450 g)
2 cucharaditas de aceite de sabor neutro
2 cucharadas de agua (como mínimo)
½ cebolla pequeña troceada
1 zanahoria troceada
¼ cucharadita de cinco especias chinas*
1-2 dientes de ajo picados
1 ½ cucharadas de salsa de soja o tamari
1 cucharada de vinagre de arroz
1 cucharadita de pasta de chile o una salsa picante asiática tipo sriracha
4 tazas de arroz integral de grano corto cocido que lleve al menos 2 horas refrigerado
1 taza de verduras de hoja amargas cortadas en trozos no mayores de una moneda**
½ taza de cebolletas en juliana
1 taza de guisantes descongelados

1 Pela el boniato y córtalo en dados.

2 Calienta 1 cucharadita de aceite en un wok o una sartén honda a fuego medio. Añade el boniato y el agua y saltea removiendo con frecuencia. Si empieza a pegarse, añade un poco más de agua conforme vaya haciendo falta. Sigue rehogando hasta que el boniato esté casi tierno y dorado (de 5 a 8 minutos). Agrega la cebolla y la zanahoria y sofríe hasta que la cebolla esté traslúcida (unos 3 minutos). Añade la mezcla cinco especias y el ajo y remueve. Aparta las verduras de la sartén y raspa un poco el fondo porque todavía no hemos terminado, copón.

3 Mezcla en un vaso pequeño la salsa de soja, el vinagre y la pasta de chile. Vuelve a poner el wok a fuego medio con la cucharadita restante de aceite. Incorpora el arroz y saltea hasta que empiece a calentarse (de 3 a 5 minutos). Rocía con la salsa, mezcla bien y añade las verduras rehogadas. Saltea un minuto para que ligue todo. Incorpora la verdura de hoja, la cebolleta y los guisantes. Apaga el fuego y sirve si dilación.

***** *Puedes encontrar esa mezcla en una tienda de especias. Contiene clavo, anís estrellado, canela, pimienta, jengibre y semillas de hinojo. Si no la encuentras, puedes prepararla en casa y decirle al de la tienda que haga el favor de esmerarse.*

****** *Nosotros usamos berros de agua, pero también van bien las hojas de mostaza o de rúcula si no encuentras esas verduritas de cara pantanosa.*

EL RITO DEL ARROZ FRITO.

OLVIDA LAS PENAS
CHUCHURRÍAS.
Y PRUEBA
ESTAS
COLES DE
COLORES.

COLES CON CREMA DE CACAHUETE

Lo de mezclar crema de cacahuete con col puede sonar a ida de olla, pero el resultado es cojonudo. Va de puta madre con los fideos fríos a los cítricos (p. 75), los fideos soba con berenjena a la parrilla (p. 61) o los rollitos de primavera con setas (p. 56). Pero ¡qué coño!, a solas está que te cagas.

4 PERSONAS COMO PRIMERO O GUARNICIÓN

SALSA DE CACAHUETE

3 cucharadas de crema de cacahuete
2 cucharadas de agua caliente
3 cucharadas de vinagre de arroz
2 cucharadas de zumo de lima
1 cucharada de jengibre fresco picado
1 ½ cucharaditas de salsa sriracha o tu picante asiático favorito
½ cucharadita de salsa de soja o tamari

ENSALADA

3 tazas de lombarda en juliana fina
3 tazas de col en juliana fina
1 zanahoria en juliana fina
⅓ taza de cebolletas en juliana fina

1 Prepara la salsa de cacahuete: liga la crema de cacahuete con el agua caliente en un vaso hasta que quede una pasta cremosa. Añade los otros ingredientes de la salsa y mezcla con saña.

2 Combina en un cuenco grande las verduras en juliana. Vierte la salsa por encima hasta que quede todo bien impregnado. Sirve en el mismo día.

ARROZ CON JUDÍAS Y MANGO A LA LIMA Y EL COCO

Esta maravilla hija de una sola olla hace que otros primeros tengan que ponerse las pilas o pasar a mejor vida.

4-6 PERSONAS COMO PRIMERO

2 tazas de arroz integral de grano corto
2 cucharaditas de aceite de sabor neutro
1 taza de cebolla troceada*
1 ½ cucharadas de jengibre fresco picado
1 taza de leche de coco en lata**
2 ½ tazas de caldo de verduras
¼ cucharadita de sal
⅛ cucharadita de cayena***
1 mango
1 ½ tazas de judías rojas cocidas****
la ralladura y el zumo de 1 lima
cebolleta o cilantro picados

1 Lava el arroz con agua fría. Calienta el aceite en una olla sopera grande a fuego medio. Añade la chalota y sofríe hasta que empiece a dorarse (unos 3 minutos). Echa el jengibre y saltea otros 30 segundos hasta que todo huela de lujo. Incorpora el arroz y sigue removiendo hasta que empiece a oler ligeramente a tostado (unos 2 minutos). Agrega la leche de coco, el caldo, la sal y la cayena y lleva a ebullición. Remueve un poco, tapa y baja a fuego lento. Deja que se haga muy lentamente y no toques ni un puto grano hasta que el arroz esté tierno y haya absorbido casi todo el líquido (unos 40 minutos). Si no está hecho cuando se quede sin líquido, no pierdas la calma: echa un poco más de caldo o de agua, anda.

2 Mientras se hace el arroz, corta el mango en trozos tamaño bocado. (¿Ni puta idea de cómo hacerlo? Ve a la p. 74 para enterarte. Con 1 mango deberían salirte 1 ½ tazas de pulpa.)

3 Cuando el arroz esté tierno, incorpora las judías, la ralladura y el zumo de la lima y el mango. Deja que se rehogue durante un par de minutos para que se caliente todo. Sirve en caliente con cilantro o cebolla por encima.

* *Unos 4 chalotas o ½ cebolla pequeña.*

** *Mira el «Te vas a enterar» de la página 74.*

*** *Si el picante no es lo tuyo, olvídalo, ¡nenaza!*

**** *O dos botes de 400 g. Si no encuentras las rojas, puedes usar frijoles negros o judías pintas.*

LO BÁSICO

CÓMO SE CORTA UN MANGO

Los mangos pueden ser un puto lío de pelar porque tienen un hueso gigante y de forma oblonga que está más duro que un cuerno. Sigue estos pasos y deja de preguntarte cómo coño se hace.

1. Pasa el cuchillo por el mango de arriba abajo, evitando el hueso. Imagínate que vas a cortar un trozo grande de pulpa con el cuchillo. Haz lo mismo por ambos lados.
2. A continuación dibuja con el cuchillo un tablero de ajedrez sobre la pulpa de las dos mitades, asegurándote de no cortar la piel. Después pasa el cuchillo por todo alrededor entre la pulpa y la piel del mango. ¿Adónde coño queremos ir a parar?
3. Valiéndote de los pulgares, dale la vuelta a la movida y te están esperando todos esos dados de mango dulce, como un erizo de fruta. Sácalos con una cuchara y sigue con lo que quiera que estabas haciendo.

LECHE DE COCO *LIGHT*

La leche de coco *light* es leche de coco normal con un porrón de agua, pero vale lo mismo. Compra entera porque siempre puedes luego rebajarla con agua en casa. Que no te timen.

TE VAS A ENTERAR

FIDEOS FRÍOS CON PEPINO Y ZANAHORIA A LOS CÍTRICOS

Estos fideos siempre dan en el puto clavo. Están estupendos sobre un lecho de verduras de hoja tipo espinacas y coronados con el tofu asado al jengibre y el sésamo (p. 77) si quieres un plato completo.

4 PERSONAS COMO PRIMERO

SALSA DE CÍTRICOS CON SÉSAMO

¼ taza de vinagre de arroz
2 cucharadas de agua
2 cucharadas de zumo de naranja
2 cucharadas de aceite de sésamo tostado
1 ½ cucharadas de jengibre fresco picado
1 cucharadas de salsa de soja o tamari
1 cucharada de zumo de limón

FIDEOS Y VERDURAS

225 g de fideos soba*
2 zanahorias pequeñas, en bastoncitos finos
2 pepinos pequeños, en bastoncitos finos
⅔ taza de cebolletas en juliana fina
1 ½ cucharadas de sésamo tostado

1 Liga todos los ingredientes de la salsa de cítricos en un vaso pequeño.

2 Prepara los fideos según las indicaciones del paquete, porque cada movida es distinta. Cuando estén hechos, escurre y enjuaga con agua fría para detener la cocción y que no se queden hechos una plasta.

3 Mientras se hace la pasta, corta las verduras y las cebolletas.

4 Echa los fideos escurridos, las zanahorias, los pepinos y la salsa de sésamo en un cuenco grande y remueve. Incorpora las cebolletas y el sésamo. Sírvelos fríos o a temperatura ambiente.

* *Puedes utilizar udon, somen, pasta integral o lo que quieras, pero los soba (de trigo sarracenos) parten la pana.*

CÓMO ASAR TOFU

¿Por qué a la gente le da tanta cosa el tofu? Es un pobre incomprendido. Vale, puede ser blandurrio y pastoso, pero porque la gente no tiene ni puta idea de cocinarlo y eso le da muy mala prensa. No es tan complicado: lo que pasa es que la peña es muy vaga. Pero nosotros tenemos el tema controlado: adóbalo en una preparación sabrosona, hornéalo a fuego fuerte y verás cómo se convierte en una delicia y no sólo en un capricho de la comida sana. Prueba y demuestra a la peña que tú no te tofuscas.

1. Pilla tofu extradenso, escúrrelo, envuélvelo en papel de cocina o en un trapo limpio y coloca entre dos platos, con algo pesado encima tipo lata de habichuelas. Así expulsará toda el agua y hará hueco para el sabor. Puede tardar entre 30 minutos y 1 hora. Así que échate una siesta o algo parecido.

2. Liga la marinada en una fuente no muy profunda (como de tarta): en fin, algo donde puedas marinar el tofu en una sola capa.

3. Corta el tofu a lo ancho en rectángulos de no más de ½ cm. Tendrían que salirte unos 12 de un bloque normal. Échalo en la marinada, asegúrate de que se impregna bien y deja en la nevera un mínimo de 2 horas y un máximo de 8. Remueve de vez en cuando (si te acuerdas).

4. Cuando esté, métele caña al horno (230°) y unta con aceite una bandeja honda.

5. Extrae el tofu de la marinada (resérvalo) y reparte los rectángulos sobre la bandeja. Hornea 15 minutos, dale la vuelta y echa una cucharadita de marinada a cada trozo. Asa otros 10 minutos, dale la vuelta y salsea de nuevo. Hornea 5 minutos más. Los bordes deberían estar ya un poco quemados. Así es como tiene que quedar. Deja reposar un par de minutos para que se endurezca y luego corta del tamaño que necesites.

El tofu asado está de lujo en ensaladas, rollos y pastas que necesitan un subidón de proteína, pero no pega con las legumbres normales.

Marinadas para tofu

Cuando elijas el tuyo, liga todos los ingredientes en una fuente no muy profunda donde puedas disponer el tofu en una sola capa (instrucciones en la página anterior).

PARA 1 BLOQUE DE TOFU

MARINADA DE JENGIBRE Y SÉSAMO

¼ taza de salsa de soja o tamari
¼ taza de vinagre de arroz
2 cucharadas de zumo de lima
2 cucharadas de azúcar moreno
1 cucharada de jengibre fresco picado
2 cucharaditas de aceite de sésamo tostado
2 cucharaditas de salsa picante sriracha o similar
2 dientes de ajo picados gruesos

MARINADA AHUMADA AL ARCE

¼ taza de salsa de soja o tamari
¼ taza de caldo de verduras o agua
2 cucharadas de jarabe de arce
1 cucharada de humo líquido*
1 cucharada de zumo de limón
1 cucharada de tomate concentrado
1 cucharada de aceite de oliva
2 dientes de ajo picados gruesos

MARINADA CITRIDULCE

½ taza de zumo de naranja
¼ taza de salsa de soja o tamari
1 cucharada de azúcar moreno
1 cucharada de jengibre fresco picado
1 cucharada de aceite de oliva
2 cucharaditas de salsa picante sriracha o similar
2 dientes de ajo picados gruesos

* *¿Eh? Vete a página 10, anda.*

LECHUGAS ENROLLADAS CON GUISANTES PARTIDOS

¿Harta de rollitos de lechuga sin gracia? Nosotros también. Prueba estos rollitos crujientes y recuerda lo que mola comer con las manos.

12-14 ROLLITOS DE LECHUGA

- 1 ½ tazas de guisantes partidos de los amarillos
- 3 tazas de agua
- Sal

MOJO

- 2 cucharadas de salsa de soja
- 2 cucharadas de agua
- 2 cucharadas de vinagre de arroz
- 1-2 cucharaditas de tu salsa picante asiática favorita*
- 1 cucharadita de aceite de sésamo tostado
- 1 cucharadita de tu líquido edulcorante favorito**

ROLLITOS

- 2 cucharaditas de aceite de sabor neutro
- ½ taza de chalota o cebolla picada
- 2 cucharaditas de jengibre picado
- 1 taza de cebolletas picadas
- ⅔ taza de zanahoria rallada***
- 3 cucharadas de vinagre de arroz
- 1 ½ cucharaditas de salsa de soja
- 1 ½ cucharaditas de aceite de sésamo tostado
- 1 lechuga tipo romana

1 Lava bien los guisantes y echa en una olla mediana con el agua y una pizca de sal y lleva a ebullición. Baja el fuego y deja que los muy enanos se hagan tranquilamente hasta que estén tiernos (de 10 a 15 minutos). Averígualo probándolos, tú puedes... Cuando estén hechos, escurre y reserva.

2 Mientras se hacen los guisantes, liga todos los ingredientes del mojo en un cuenco pequeño.

3 Pilla un wok grande o una sartén honda y calienta el aceite a fuego medio. Añade la cebolla y sofríe hasta que se dore (unos 3 minutos). Incorpora el jengibre y las cebolletas y deja que se rehogue todo unos 30 segundos. Echa ahora los guisantes y la zanahoria, remueve y añade el vinagre de arroz y la salsa de soja. Deja rehogar a fuego lento otros 30 segundos sin parar de remover. Añade el aceite de sésamo tostado y apaga ya el fuego.

4 Sirve el relleno tibio o a temperatura ambiente con un puñado de hojas de lechuga a modo de tortillas vegetales. Deja el mojo a mano. La cosa pinta de puta madre.

* *Opcional, pero estaría guapo que probaras movidas nuevas.*

** *Jarabe de agave o de arce, por ejemplo.*

*** *Usa el rallador.*

DALE MARCHA AL
GUISANTE.

VERDURAS REHOGADAS

¿Que no sabes cocinar las verduras de hoja? Vamos a remediar esa imperdonable carencia. Ésta es la versión para zopencos del tipo «no me entero, profe».

2 PERSONAS COMO GUARNICIÓN

- 1 manojo de verdura de hoja oscura y recia (col crespa, berza, etc.)
- ½ cucharadita de aceite de oliva
- 1 cucharada de agua
- 2 dientes de ajo picados
- 2 cucharaditas de zumo de limón
- 1 cucharadita de salsa de soja o tamari

1 Retira las pencas o tallos más gruesos y corta las hojas en tiras de 2,5 cm de ancho y 5 cm de largo. Tendrían que salirte unas 6 tazas. Pueden parecerte demasiadas pero luego se quedan hechas un puto guiñapo. Fíate.

2 Pilla un wok grande o una sartén honda y calienta el aceite a fuego medio. Añade las hojas picadas y remueve hasta que todo tenga un poco de aceite y rehoga unos 30 segundos.

3 Añade el agua, el ajo, el zumo de limón y la salsa de soja y sigue removiendo bien las hojas hasta que se reduzca todo y se cueza. No debería llevar más de minuto y medio. Cuando la verdura quede bien cocida, apaga el fuego y sirve.

ARROZ AL HORNO

Mételo en el horno y hazte el loco hasta la hora de cenar.

4-6 COMO PRIMERO U 8 COMO RELLENO DE BURRITOS

1 Métele caña al horno (190°) y pilla una fuente de cristal o de cerámica de 20×30.

2 Con batidora o robot de cocina, pica la cebolla, los tomates, el ajo, el jalapeño y el tomate concentrado hasta que quede una salsa de aspecto homogéneo (unos 30 segundos). Tendrían que salirte unas 2 tazas de salsa. Pasa a un cazo mediano, incorpora el caldo y deja cocer a fuego medio.

3 Mientras se va calentando la salsa de tomate, extiende el arroz por el fondo de la fuente y echa por encima el aceite y la sal.

4 Cuando la salsa con el caldo empiece a hervir, viértela sobre el arroz y remueve para que quede todo bien impregnado. Después cubre con papel de aluminio, y al horno. Deja 1 hora. Intenta no andar mirando qué tal va porque cada vez que abres estás dejando salir un vapor muy valioso y se te puede quedar el arroz más duro que una puta piedra. Mantén el horno a 190° y todo saldrá bien.

5 Pasada 1 hora, saca la bandeja del horno y ahueca el arroz con un tenedor de modo que todo vuelva a remezclarse bien. Si el arroz no está hecho del todo, añade otro ¼ de taza de caldo o agua, cubre y hornea 10 minutos más o así. Agrega el maíz, los guisantes, el zumo de lima y el cilantro y mezcla bien. Si hace falta, echa otra pizca de sal. Sirve enseguida.

* *Pueden ser frescos o descongelados; en este caso no es una cuestión de vida o muerte.*

½ cebolla, picada (1 taza aprox.)
2 tomates troceados (1 ¼ tazas aprox.)
3 dientes de ajo picados
1 jalapeño picado
1 cucharada de tomate concentrado
2 ½ tazas de caldo de verdura
2 tazas de arroz integral de grano largo
1 ½ cucharadas de aceite de oliva
½ cucharadita de sal
1 taza de maíz*
1 taza de guisantes*
1 cucharada de zumo de lima (½ lima aprox.)
¼ taza de cilantro fresco picado

yo me lo guiso, yo me lo como

SOPAS, GUISOS Y PURÉS

LENTEJAS ROJAS AL LIMÓN

Este puré nada tiene que ver con la temible plasta de lentejas que ponen en sitios donde la comida fallece. Nunca te haríamos eso. Entre las especias y el limón, subimos varias pantallas para convertir el puré de lentejas en objeto de deseo.

4 PERSONAS COMO PRINCIPAL Y 6 COMO PRIMERO

- 1 cucharadita de aceite de oliva o de coco
- ½ cebolla, picada
- 1 patata para asar del tamaño de un puño pelada y troceada en dados
- 1 zanahoria troceada
- 2 dientes de ajo picados
- 1 cucharadita de semillas de cilantro molidas*
- ½ cucharadita de comino molido
- ¼ cucharadita de sal
- 2 tazas de lentejas rojas lavadas
- 6 tazas de caldo de verduras
- ½ cucharadita de ralladura de limón
- 1 cucharada de zumo de limón
- ½ taza de cilantro fresco picado (opcional)

1 Pilla una olla grande y calienta el aceite a fuego medio. Añade la cebolla y sofríe unos 3 minutos hasta que empiece a ponerse blanda y sutilmente dorada. Que sí, ¡coño!, «sutilmente dorada». Agrega la patata y la zanahoria. Sofríe otros 2 minutos e incorpora el ajo y las especias. A estas alturas, tu casa olerá a gloria bendita. Sofríe otros 30 segundos y añade la sal, las lentejas y el caldo.

2 Deja cocer a fuego lento, sin tapar, hasta que las lentejas estén blandas y medio se deshagan (de 15 a 20 minutos). Remueve de vez en cuando. Añade la ralladura y el zumo de limón y apaga el fuego. Detente si quieres una sopa de lentejas con tropezones; si no, pasa la mitad del asunto por la batidora para obtener un híbrido de puré con tropezones. Tú decides. El puré se espesará si lo recalientas a fuego medio uno o dos minutos. Ya verás: ¡lentejas mágicas!

3 Sirve caliente con un poco de cilantro por encima (si quieres).

* *Las semillas del cilantro están muy ricas, pero su sabor no tiene nada que ver con el de las hojas. Si no las encuentras, olvídate y usa otra ½ cucharadita de comino.*

CÓMO HACER UN CALDO DE VERDURAS CON MONDAS

En muchas de nuestras recetas pedimos caldo de verduras y no queremos que tires de esos farsantes en tetrabrik que venden en el súper. Tú también puedes hacer agua sazonada con las mondas que vas dejando al cocinar. Es tan fácil como guardar las pieles y otros desperdicios en una bolsa y hervir agua. ¡Qué espabilado el tío! Ahorra dinero y reduce desechos.

Guarda una bolsa de 4 litros en el congelador y ve echando las mondas que vayas sacando mientras cocinas. Piensa en los restos de cebolla, zanahoria, apio, ajo, cebolleta o puerro. Puedes echar también cualquier producto no usado que ya no tenga buena pinta. También van de puta madre las setas, los pimientos, el hinojo o hierbas como el perejil, el romero y el tomillo cuando se quedan mustias. Eso sí, no lo hagas con coles (normales o de Bruselas), brócolis, coliflores o cualquier hortaliza que esté empezando a pudrirse o a enmohecerse. O sea: si opinas que el agua donde has hervido unas verduras puede saber bien, pruébala y emplea luego esa verdura. Es la movida más fácil del mundo.

1. **Cuando tengas la bolsa llena, es hora de hervir. Necesitarás unas 5 tazas de sobras. Échalas a una olla grande con unas 9 tazas de agua.**
2. **Pon la cosa a hervir y añade 1 cucharadita de sal y un poco de pimienta para darle más sabor. Agrega 2 hojas de laurel (si tienes). Deja que hierva todo sin tapar y a fuego lento (como 1 hora) para extraer todos los sabores.**
3. **Apaga el fuego y deja enfriar la olla. Cuela el caldo y desecha los restos de verdura con un escurridor o una estameña. Puedes congelarlo o guardarlo en el frigo hasta una semana. Vuelve a meter la bolsa en el congelador y espera a que se llene otra vez.**

TE VAS A ENTERAR

PASTA DE MISO

La pasta de miso está hecha a base de semillas de soja y cereales fermentados y se vende en mogollón de variedades. Al ser fermentada, tiene probióticos por un tubo y todas esas maravillas que facilitan el trabajo a tus intestinos. Añádela siempre al final de tu sopa para que no se caliente más de la cuenta y te cargues las cosas buenas. Puedes encontrarla en los refrigerados de un súper bien surtido o en una tienda de comida asiática. Sí, arrastra el culo hasta el otro lado de la calle y adquiere productos que ayudan al comercio local, ¡no seas cretino!

SOPA DE MISO Y JENGIBRE CON FIDEOS Y VERDURA

Déjate de mierdas en sobrecitos con sabores falsos. Esta sopa es perfecta cuando notas que te vas a resfriar pero estás demasiado reventada para meterte en fogones. Dedica unos minutos a prepararla y devuelve los sobres al kit del apocalipsis zombi para que allí se pudran de aburrimiento.

2 CUENCOS GRANDOTES O 4 COMO PRIMERO

CALDO

10 cm de jengibre fresco
2 dientes de ajo grandes
1 zanahoria
6 tazas de caldo de verdura o agua
10 ramitas de cilantro*

FIDEOS Y VERDURAS

225 g de fideos de arroz, soba o udon
¼ cucharadita de salsa de soja o tamari
1 ¼ tazas de brócoli en trozos tamaño bocado
1 ½ cucharadas de pasta de miso roja**
1 zanahoria cortada en bastones finos
1 taza de tirabeques cortados en bastones
⅓ taza de cebolleta en juliana
tus condimentos favoritos***

1 Para preparar el caldo, pela el jengibre retirando la piel con una cuchara. Corta en rodajas de ½ cm de grosor. Pica el ajo (también grueso) y corta la zanahoria en trozos grandes. Pilla una olla mediana y pon a fuego medio. Cuando esté caliente, añade el jengibre y la zanahoria y deja que se vayan al fondo sin aceite ni nada. ¡Castigados! Menea cada 2 minutos. No pasa nada si se pegan: raspa con una cuchara y sigue a lo tuyo. Añade el ajo y haz lo mismo otro minuto. Incorpora el caldo o el agua, añade el cilantro y deja a fuego lento unos 15 minutos.

2 Mientras el caldo hace de las suyas, cuece los fideos según las indicaciones del paquete.

3 Cuando el caldo haya hervido 15 minutos a fuego lento, saca todo el jengibre, el ajo, la zanahoria y el cilantro con una espumadera. Añade la salsa de soja y el brócoli y cuece un par de minutos hasta que el brócoli pierda el punto crudo. Apaga entonces el fuego. Aparta ½ taza de caldo y disuelve en ella la pasta de miso removiendo hasta eliminar los grumos. Vuelve a echar ese caldo a la olla y prueba. De puta madre, ¿verdad?

* *Con tallo y todo, a saco.*

** *¿Eh? Vete la pág. anterior, anda.*

*** *Un chorreón de zumo de limón, unas gotitas de aceite de sésamo tostado, un chorrito de sriracha: a eso nos referimos, pero tú, a tu bola.*

POZOLE ROJO

Medio sopa, medio chili, el pozole es un plato contundente que puedes embellecer adornándolo con mogollón de cosas por encima.

6 PERSONAS HAMBRIENTAS

- 5 chiles secos grandes*
- 2 tazas de agua caliente
- 1 cebolla grande
- 5 dientes de ajo
- 1 calabacín
- 2 cucharadas de cacao en polvo sin azúcar añadido**
- 1 cucharadita de aceite de oliva
- 225 g de tempe
- 2 cucharaditas de salsa de soja o tamari
- 1 lata (800 g) de maíz mote***
- 1 cucharada de orégano
- 2 cucharaditas de comino molido
- ¼ cucharadita de sal
- 5 tazas de caldo de verduras
- 1 cucharadita de jarabe de arce u otro líquido edulcorante
- el zumo de 1 lima
- adornos: col picada, cebolletas picadas, rabanitos en juliana, cilantro, rodajas de aguacate o cuñas de lima

1 Pilla una sartén o una plancha y tuesta los chiles secos por ambos lados hasta que se curven un poco y se ablanden (unos 2 minutos). Pero que no se te quemen, huevón. Concéntrate. Cuando estén listos, echa en un cuenco con el agua caliente y deja en remojo de 15 a 20 minutos.

2 Mientras tanto, corta la cebolla, el ajo y el calabacín. Cuando los chiles se hayan rehidratado divinamente, escúrrelos, pero reservando el agua. Corta la parte de arriba de los chiles, retira las semillas y pícalos. Echa en el vaso de la batidora o un robot de cocina con el agua del remojo, el ajo y el cacao en polvo y métele caña hasta que la pasta de chiles y ajo parezca bien pasada, sin tropezones.

3 Calienta el aceite en una olla grande a fuego medio. Añade la cebolla y sofríe unos 2 minutos. Pilla el tempe y dile a ese cabrón que se deshaga en dados sobre la olla y sofríe hasta que tanto la cebolla como el tempe se doren (unos 3 minutos). Sazona con la salsa de soja. Seguidamente agrega el calabacín, el mote, el orégano, el comino y la sal. Menea todo bien y añade luego la pasta de chile y ajo que preparaste antes. Mezcla los ingredientes y añade el caldo. Tapa esa olla del demonio y deja hervir a fuego lento de 15 a 20 minutos para que liguen bien los sabores. A continuación añade el jarabe de arce y el zumo de lima. Prueba, anda, y rectifica de especias según veas.

4 Sirve en caliente con lo que más te guste por encima.

* *Guajillos, anchos... los chiles secos que te salgan de ahí y encuentres colgando en tu tienda de productos latinos.*

** *Sí, sí, la misma mierda que se usa para los brownies.*

*** *Para hacer el mote se remoja el maíz en una mezcla con lima que ablanda la cáscara e infla los granos. Está que te cagas. Puedes comprar este maíz nixtamalizado ya cocido y en conserva o buscarlo seco y hervirlo según las indicaciones del paquete.*

¿NO TE DECIDES ENTRE
CHILI Y SOPA?
¡QUÉ COÑO:
DOS EN UNO!

SE ACABÓ
EL PUTO FRÍO.
ESTA SOPA ES EL
ARMA DEFINITIVA
CONTRA EL INVIERNO.

MINESTRONE ARDOROSO

Esta sopa italiana, que tiene un rollo echa-lo-que-pilles-en-el-frigo, te hará entrar en calor y te dejará llena durante horas. Hazte con una taza, un termo o un cuenco grandote y a sorber. Si eres muy sibarita, acompáñala con pan crujiente.

4-6 PERSONAS

2 cucharaditas de aceite de oliva
1 cebolla, picada
2 zanahorias, cortadas en medias lunas
3 ramitas de apio, picadas
1 patata o un nabo grande en dados
2 cucharaditas de romero fresco picado
3 dientes de ajo picados
una pizca de guindilla picada
1 hoja de laurel
1 lata (400 g) de tomates troceados bajos en sal*
½ taza de lentejas negras secas
7 tazas de caldo de verduras
¼ cucharadita de sal
1 taza de pasta corta tipo caracoles, estrellitas o lo que veas
5 tazas de col o col crespa en juliana
2 cucharaditas de vinagre de vino tinto
el zumo de ½ limón
⅓ taza de perejil fresco picado
¼ taza de albahaca fresca picada
pimienta molida

1 Pilla una olla grande y calienta el aceite a fuego medio. Echa la cebolla, la zanahoria y el apio y sofríe hasta que empiece a dorarse la cebolla (de 3 a 5 minutos). Agrega la patata, el romero, el ajo, la guindilla picada y la hoja de laurel. Rehoga otros 30 segundos para que el ajo haga de las suyas. Añade los tomates troceados y las lentejas y deja otros 30 segundos.

2 Incorpora a continuación el caldo y deja que hierva ese pedazo de cabrón. Reduce el fuego y calma las aguas hasta que las lentejas estén casi hechas y la patata tierna (unos 15 minutos). Lo siguiente es añadir la sal, la pasta y la col (si es de la crespa, no la eches todavía) y dejar que siga tranquilamente a fuego lento hasta que la pasta se haga del todo: de 5 a 10 minutos según el tipo de pasta. (Si eliges la col crespa, incorpórala a la olla cuando se haya hecho la pasta y déjala cocer unos 2 minutos más.)

3 Añade el vinagre y el zumo de limón, menea bien y aparta del fuego. Echa por encima el perejil y la albahaca y deja reposar un par de minutos. Prueba para ver si le hace falta algún condimento tipo pimienta o romero, según te dé. Retira la hoja de laurel y papeando, que es gerundio.

* *Si es época de tomates y te ha dado por cocinar esta sopa, sustituye la lata por 3 tomates frescos.*

PURÉ ESTIVAL DE CALABACINES AMARILLOS

No vayas a pelar los calabacines porque en la piel están los antioxidantes de primera. Hay que ser muy derrochador y muy palurdo para hacer algo así.

4 PERSONAS COMO PRIMERO

- 1 ½ cucharadas de aceite de oliva
- ½ cebolla troceada
- 2 ramitas de apio, picadas
- 1 zanahoria en medias lunas finas
- 1 patata para asar tamaño puño en dados
- 3 calabacines amarillos grandes en medias lunas de 3 mm de grosor
- 3 dientes de ajo picados
- ½ cucharadita de sal
- 4 tazas de caldo de verduras
- ⅓ taza de cebolleta picada

1 Calienta el aceite en una olla grande a fuego medio. Echa la cebolla, el apio y la zanahoria y sofríe hasta que empiece a estar todo ligeramente dorado (de 3 a 5 minutos). Agrega la patata, los calabacines y el ajo y rehoga otros 3 minutos. Añade la sal y el caldo de verduras y lleva lentamente a ebullición. Cuece hasta que se haga la patata (de 10 a 15 minutos).

2 Apaga el fuego. Agarra la batidora y bate hasta que el puré quede cremosito y sin tropezones. Vuelve a llevar a ebullición. Apaga el fuego, añade el cebollino y prueba. Añade más sal, ajo o cebollino: lo que más rabia te dé. Sirve sin demora.

PURÉ DE MAÍZ CON ALBAHACA

Haz este puré en pleno verano, cuando el maíz está más dulce. Si le echas albahaca *in extremis* será como meter el verano en un puto cuenco.

4-6 PERSONAS COMO PRIMERO

- 6 mazorcas grandes de maíz descascarilladas
- ½ cebolla
- 2 ramitas de apio
- 1 pimiento rojo
- 1 patata de asar mediana
- 3 dientes de ajo
- 2 cucharaditas de aceite de oliva
- ½ cucharadita de sal
- 4 tazas de caldo de verduras
- 2 cucharadas de zumo de limón
- ¼ taza de hojas de albahaca fresca picadas en tiritas

1 Lo primero es hacerte con un cuchillo afilado para desgranar el maíz de las mazorcas. Es más fácil si las partes en dos: apoya una punta en el centro de un cuenco grande y ve desgranando de arriba abajo. Cuando termines deberían salirte unas 4 tazas de maíz. No seas perezosa y no uses maíz congelado para esta receta: esa caca no sabe igual. Trocea la cebolla, el apio, el pimiento y la patata en trozos tamaño judía y pica el ajo. Ya está todo listo.

2 Pilla ahora una olla grande y calienta el aceite a fuego medio. Añade la cebolla y rehoga hasta que se dore ligeramente, unos 3 minutos. Incorpora el apio, el pimiento, la patata y el ajo y rehoga otros 2 minutos más. Agrega la sal y tres cuartos de los granos de maíz y remueve. Añade el caldo y deja que el cabrón hierva tranquilamente hasta que los trozos de patata estén tiernos (unos 10 minutos).

3 Apaga el fuego. Bate con la batidora hasta que quede cremosito y sin tropezones. Añade el resto del maíz y el zumo de limón y vuelve a cocer a fuego lento. Apaga el fuego, echa la albahaca y prueba. Echa más sal, más limón, más albahaca: lo que te salga de ahí. Sirve con un poco más de albahaca por encima para que el aspecto esté a la altura del regio sabor.

PURÉ DE PATATAS Y PUERROS

Esta crema está tan de puta madre que no podrás creer que salga tanto sabor de tan poca cosa. Es un prodigio: gastrohechicería.

4 PERSONAS COMO PRIMERO

- 3 patatas para asar tamaño puño*
- 3 puerros medianos**
- 1 cucharada de aceite de oliva
- 3-4 dientes de ajo picados
- 4 tazas de caldo de verduras
- ¼ cucharadita de sal
- ¼ cucharadita de pimienta molida
- ¼ taza de cebolleta picada
- ¼ taza de eneldo fresco picado

1 Corta las patatas en dados de 1 ½ cm. Conserva la piel si te va la marcha. Descarta la parte verde de los puerros y guarda para hacer luego un caldo (véase p. 86). Desecha las raíces y parte a ese hijo de puerro por la mitad, a lo largo. Corta a continuación en horizontal para que te salgan tiras finas y lava toda la movida.

2 Calienta el aceite en una olla grande y honda. Añade el puerro limpio y sofríe hasta que empiece a ablandarse (de 3 a 4 minutos). Agrega las patatas y el ajo y remueve. Vierte el caldo de verduras y echa la sal. Lleva todo a ebullición, tapa y baja a fuego lento. Cuece hasta que las patatas estén tiernas (unos 15 minutos).

3 Cuando todo esté bien blandito, lo suyo es que lo batas sin piedad. Puedes dejarlo enfriar un poco y luego pasarlo al vaso de la batidora o meter directamente la batidora de mano y hacerlo puré en un segundo. Como prefieras. Cuando quede bien cremosito, devuélvelo a la olla (si lo has sacado antes), echa la pimienta y calienta de nuevo. Agrega la cebolleta y prueba. Salpimienta si lo crees necesario. Tú verás lo que haces. Viste este puré de gala con una cucharadita de eneldo fresco. Sabroso y con clase.

* *Como medio kilo.*

** *Los puerros suelen tener más tierra que el copón y cuesta limpiarlos cuando están enteros. Así que córtalos del tamaño que quieras, mételos en un cuenco con agua y remueve bien para que la tierra se desprenda y se vaya al fondo del recipiente. Escurre y lava un par de veces para que luego no muerdas el polvo.*

CHILI DE CALABAZA

Esto no es uno de esos ridículos chilis de lata recomendados por un futbolista u otra autoridad gastronómica. Ni de coña: esto es una mierda bien potente, una de ésas que sostienen la cuchara erguida.

4-6 PERSONAS SEGÚN SU AMOR AL CHILI

- 1 cebolla
- 1 zanahoria
- 1 pimiento
- 1 cucharadita de aceite de oliva
- 2-3 dientes de ajo picados
- 1 jalapeño picado
- 2 cucharaditas de salsa de soja o tamari
- 2 ½ cucharadas de chile suave en polvo
- 1 cucharadita de orégano
- 1 cucharadita de comino molido
- 1 lata (400 g) de tomate troceado bajo en sal*
- 1 ½ tazas de calabaza triturada**
- 2 tazas de caldo de verduras o agua
- 3 tazas de judías cocidas***
- 1 cucharada de zumo de lima
- adornos: cilantro, cebolla troceada, jalapeños, aguacate o tiritas de tortilla de maíz

1 Corta la cebolla, la zanahoria y el pimiento en trozos no mayores que una alubia.

2 Calienta el aceite en una olla grande a fuego medio. Añade la cebolla, la zanahoria y el pimiento. Sofríe hasta que las hortalizas empiecen a dorarse (unos 5 minutos). Incorpora el ajo, el jalapeño, la salsa de soja y las especias. Rehoga todo unos 30 segundos más. Agrega los tomates, la calabaza, el caldo y las judías. Remueve para combinar bien los ingredientes, ligar los sabores y toda esa vaina. Baja el fuego, tapa y deja que cueza el guiso unos 15 minutos. Remueve de vez en cuando.

3 Apaga el fuego y riega la cosa con el zumo de lima. Sirve al instante con tus adornos favoritos.

* *Los tomates a la brasa que venden enlatados están que te cagas (si los encuentras).*

** *Puedes comprar puré de calabaza envasado o cortar una calabaza fresca en trocitos, hervirla hasta que esté tierna y pasarla por la batidora hasta obtener 1 ½ tazas. Si haces este chili con cabello de ángel enlatado, no te quejes de su sabor a boñiga. Tú eres responsable de esa chuminada.*

*** *Vale cualquier judía, pero si quieres alguna pista, mitad frijoles negros y mitad judías pintas puede ser una buena combinación. Y sí, también pueden ser dos botes de 400 g.*

SOPA DE TORTILLAS

Esta sopa típica del sudoeste yanqui está tan buena que hasta tu abuela le daría su beneplácito. Eso sí, que no te pille soltando palabrotas por su casa.

4 PERSONAS COMO PLATO FUERTE Y 6 COMO PRIMERO

- 1 cebolla amarilla o blanca
- 1 zanahoria
- 1 pimiento
- 1-2 jalapeños
- 4 dientes de ajo
- 1 cucharada de aceite de oliva
- 2 ½ cucharaditas de comino molido, orégano y chile en polvo
- ⅛ cucharadita de sal
- 1 lata (400 g) de tomates troceados bajos en sal*
- ¼ taza de tomate concentrado
- 5 tazas de caldo de verduras
- 1 cucharada de zumo de lima
- 6-8 tortillas de maíz cortadas en cuadraditos de 1,5 cm**
- 1 ½ tazas de garbanzos cocidos***
- adornos: cilantro picado, jalapeños picados, aguacate o restillos del fondo de la bolsa de nachos

1 Corta la cebolla, la zanahoria y el pimiento en trozos tamaño garbanzo. Pica el ajo y los jalapeños. Ya estás listo para meterte en faena.

2 Pilla una olla grande y sofríe la cebolla en el aceite hasta que esté un poco traslúcida (unos 2 minutos). Añade la zanahoria y el pimiento y rehoga hasta que esté todo dorado (otros 3 minutos). Agrega los jalapeños, el ajo, las especias y la sal y sofríe otros 30 segundos. A estas altura debería estar oliendo del carajo. Incorpora los tomates troceados y el concentrado. Asegúrate de mezclar a muerte para que el concentrado no se quede hecho un pegote. Echa el caldo y deja que se haga a fuego lento.

3 Hora de subir de nivel. Añade el zumo de lima y los cuadraditos de tortilla. Remueve bien y deja que se haga a fuego lento hasta que las tortillas estén blanditas (unos 10 minutos). Apaga el fuego y pilla la batidora de mano y pasa por la piedra a las muy cabronas hasta que quede una sopa homogénea. Si no tienes batidora de mano, ve echándola a la de vaso por tandas. Tú verás. Prueba y añade más de lo que te parezca.

4 Emperifolla la sopa con garbanzos, trozos de aguacate, un poco de jalapeño cortado y cilantro. También son bienvenidos los restillos de la bolsa de los nachos.

***** *Normales o a la brasa.*

****** *Si la quieres más espesa, que sean 8.*

******* *O una lata de 800 g.*

¡NO LAMAS LA PÁGINA, CERDO INMUNDO!

EL PAPEL
NO SABE
A SOPA.

PREPÁRATE PARA
UN PUTO
COMA GÁSTRICO.

DUMPLINGS CON GARBANZOS

Este sustancioso guiso es nuestro favorito. Si nunca has probado este clásico sureño en ninguna de sus versiones, ¿a qué esperas para mover el puto culo? Hemos creado unos *dumplings* esponjosos y riquísimos, nada que ver con esas bolas asquerosas que usa cierta peña. Sí, así es: las balas vuelan en la guerra de los *dumplings*.

6 PUTOS MUERTOS DE HAMBRE

DUMPLINGS

1 manojo de cebollino
2 tazas de harina normal*
2 cucharaditas de levadura en polvo
¾ cucharadita de ajo en polvo
¼ cucharadita de sal
½-1 cucharada de aceite de oliva
½-1 taza de leche de almendra sin azúcar añadido

** La integral es demasiado densa para esta masa, pero puedes demostrar tu coraje si sólo te queda de ésa.*

1 Primero lo primero: haz los putos *dumplings*. Pica bien el cebollino y reserva. Echa la harina en un cuenco mediano e incorpora la levadura, el ajo en polvo y la sal. Vierte poco a poco el aceite de oliva y ve ligando. Añade ½ taza de la leche y amasa para que ligue todo bien. Si la masa tiene una pinta muy seca, agrega un par de cucharadas de leche hasta que puedas formar una especie de bola rugosa. Si echas demasiada leche, la masa se te pondrá pegajosa y no habrá manera de moldearla, así que para el carro. Ve echando el ¼ de taza de cebollino picado asegurándote de que se mezcla todo bien y la masa tiene pinta de guardar la compostura (reserva el resto del cebollino).

2 Extiende la masa sobre una superficie bien enharinada hasta obtener una pasta de 3 mm de grosor (imagínate una pizza muy fina). Corta los *dumplings* en trozos de 2,5 cm de ancho y 4 cm de largo aproximadamente. Algunos trozos te saldrán raros, pero así es la vida: no te agobies, todo irá bien. Tendrían que salirte unos 70 *dumplings*. Disponlos sobre una bandeja enharinada y mete sin cubrir en el frigo. (¿Dudas? Mira la foto de la página siguiente.)

3 Prepara la sopa: desecha las pencas duras de la col crespa y corta las hojas en juliana gruesa (como 1,5 cm de ancho). Reserva hasta el último minuto. Calienta las 2 cucharaditas de aceite en una olla grande a fuego medio. Añade la cebolla con una pizca de sal y rehoga hasta que empiece a dorarse (5-7 minutos). Agrega las zanahorias y el apio y sofríe otros 3 minutos. Incorpora el brócoli y el ajo y sofríe hasta que las zanahorias empiecen a ablandarse (otros 3 minutos). El brócoli tiene que seguir al dente. Apaga el fuego, pasa toda la movida a un cuenco mediano y reserva. Raspa bien el fondo porque vas a usar la olla de nuevo. A la mierda lavar más cacharros de la cuenta.

(No has terminado; pasa la página, ¡copón!)

SOPA

5-7 hojas de col crespa*

2 cebollas dulces troceadas tamaño bocado

2 zanahorias troceadas

3 ramitas de apio troceadas tamaño bocado

1 ramillete pequeño de brócoli troceado

3-4 dientes de ajo picados

2 cucharaditasy ¼ taza de aceite de oliva

sal

2 ½ cucharaditas de orégano

1 cucharadita de ajo en polvo

½ cucharadita de pimienta negra molida

¼ cucharadita de cayena

7 cucharadas de harina normal

½ taza de vino blanco**

10 tazas de caldo de verduras

3 tazas de garbanzos cocidos***

1 ½ tazas de guisantes congelados

4 Mezcla el orégano, el ajo en polvo, la pimienta negra, la cayena y el ¼ de cucharadita de sal en una taza pequeña. Vuelve a calentar la olla a fuego medio, echa el ¼ de taza de aceite que queda y ve añadiendo la harina. La cosa debe tener un aspecto a medio camino entre el engrudo y una pasta líquida. ¿Ñam? Sigue meneando el asunto hasta que huela a frutos secos y esté ligeramente tostado (unos 2 minutos). Añade la mezcla de especias y sigue removiendo otros 30 segundos. Vierte el vino blanco. La harina formará grumos con el vino. Incorpora poco a poco 2 tazas de caldo. Mezcla hasta que ligue todo bien y empiece a espesarse, como el queso de los nachos del cine. Incorpora poco a poco las siguientes 4 tazas de caldo y asegúrate de que no queden grumos de harina. Incorpora el caldo restante y deja hervir a fuego lento removiendo cada poco durante unos 15 minutos. El caldo tendría que espesarse y empezar a parecer aterciopelado. Sabes de qué estamos hablando, no te hagas la loca. Pruébalo. Que te cagas: ¡y sin 2 barras de mantequilla!

5 Con la olla aún al fuego, añade los *dumplings* de dos en dos para que no se peguen y formen un monstruito de masa y sueños rotos. Cuando estén todos dentro, remueve con cuidado para que saquen la cabecita del caldo. Deja a fuego lento unos 3 minutos. Añade los garbanzos y las verduras salteadas y deja que se cueza todo a fuego lento unos 10 minutos más o hasta que los *dumplings* no estén crudos.

6 En cuanto los *dumplings* estén en su punto, añade los guisantes y la col crespa en juliana. Que sí, echa los guisantes congelados porque ¿qué coño importa? Cuece otros 2 minutos para que se calienten los guisantes y la col crespa se escalde. Apaga el fuego y echa el ¼ de taza de cebollino que quedaba. Prueba a ver si quieres más hierbas, especias o sal. Sirve enseguida y decora los cuencos con lo que te quede de cebollino.

***** *También valen espinacas o berza.*

****** *O cualquier mierda líquida. ¿No te queda vino? Usa caldo y a correr.*

******* *Unas dos latas de 400 g si no piensas hervirlos tú.*

SOPA DE BODA CON ALBÓNDIGAS DE JUDÍAS BLANCAS

Los ingredientes de esta sopa están tan unidos que su amor se refleja hasta en el nombre. En cuanto la pruebes pondrás a Dios por testigo de que nunca volverás a pasar un día frío sin un cuenco de esta sopa.

6 PERSONAS QUE LLEGUEN CON HAMBRE

ALBÓNDIGAS DE JUDÍAS BLANCAS

aerosol de cocina

1 cebolla grande

3 tazas de judías blancas cocidas*

½ taza de pan integral rallado

3 dientes de ajo picados

¼ taza de levadura nutricional** o harina

2 cucharadas de aceite de oliva

1 cucharada de salsa de soja o tamari

2 cucharaditas de mezcla de especias sin sal

1 cucharadita de tomillo, 1 de albahaca y 1 de orégano

½ cucharadita de ralladura de limón

SOPA

1 cucharadita de aceite de oliva

2 zanahorias troceadas

2 ramitas de apio troceadas

3 dientes de ajo picados

1 Métele caña al horno (200°) y rocía una bandeja con el aerosol.

2 Hora de hacer las albóndigas. Pica la cebolla, calculando que salga un ¼ de taza. Guarda el resto pero reserva; no tardaremos en usarla. Machaca las judías en un cuenco grande hasta formar una pasta. No pasa nada por unos trocitos de judía, pero que sean los menos posibles. Incorpora los otros ingredientes (incluido el ¼ de taza de cebolla picada) y mezcla todo bien para que se distribuya uniformemente. A lo mejor debes usar las manos. No te hagas el relamido con eso de que tú no tocas las judías. Si se ven un poco secas, añade una o dos cucharadas de agua. Forma bolas del tamaño de una pelota de golf y ve poniéndolas sobre la bandeja engrasada. Tendrían que salirte entre 20 y 25 según tu destreza albondiguera. Rocía con el aerosol y hornea unos 30 minutos; dales la vuelta a los 15 para que se doren ambas caras.

3 Mientras se hacen las albóndigas, prepara la sopa. Calienta el aceite en una olla grande a fuego medio. Añade el resto de la cebolla (estabas avisado), las zanahorias y el apio y rehoga hasta que empiece a dorarse la cebolla (de 3 a 5 minutos). Agrega el ajo y la pasta y rehoga otros 30 segundos. Vierte poco a poco el caldo y deja cocer a fuego lento hasta que esté la pasta (de 10 a 15 minutos). Incorpora el zumo de limón, las hojas verdes, la sal, la pimienta y el perejil y apaga el fuego.

* *O dos botes de 400 g. Las judías rojas también valen, pero las muy cabronas se empeñan en ser rojas y no queríamos cambiarle el nombre a la receta. Verdad de la buena.*

** *¿Eh? Vete a la página 10.*

(Pasa la página para seguir leyendo. ¿Hay que decirlo todo?)

- 1 taza de pasta corta seca*
- 9 tazas de caldo de verduras
- 1 cucharada de zumo de limón recién exprimido
- 4 tazas de col crespa troceada u otra verdura de hoja oscura
- ¼ cucharadita de sal y otro de pimienta molida
- ¼ taza de perejil o albahaca frescos picados

4 Cuando esté todo listo, pon 3 o 4 albóndigas en cada cuenco y echa luego la sopa por encima. Sirve al momento. Las albóndigas se irán deshaciendo conforme comas y todo sabrá tan del carajo que entenderás por qué coño se llama sopa de boda.

* *Codos, estrellitas, letras: lo que tengas en casa.*

INSPECCIÓN SANITARIA.

PINATAS
GLOBOS
CENTRO DE MESAS
BAUTIZOS BABY SHOWERS BIRTHDAYS
TODO PARA SUS FIESTAS
TAP

el gusanillo

LA VIDA MOJETEANDO, SORBIENDO Y PICOTEANDO

CREMITA DE FRIJOLES PINTOS ENCOMINADOS

¿Los típicos frijoles refritos? ¡Qué va! A nosotros no nos los parece. ¿Qué tal «espachurrados a muerte»? Prueba esta cremita de frijoles pintos y demuestra quién manda aquí.

4-6 PERSONAS, UNAS 3½ TAZAS

- 2 cucharaditas de aceite de oliva
- 1 cebolla blanca o amarilla troceada (1 taza aprox.)
- 1 ½ cucharadas de comino molido
- ¼ cucharadita de cayena
- 3 tazas de frijoles pintos cocidos*
- ½ taza de caldo de verduras o agua
- 2 cucharadas de zumo de lima
- sal

1 Calienta el aceite en un sartén y sofríe las cebollas hasta que se doren por los bordes (unos 4 minutos). Añade 1 cucharada de comino y toda la cayena y sigue rehogando 30 segundos más. Esta parte tiene que oler de puta madre. Apaga el fuego y deja enfriar un minuto.

2 Echa las cebollas, los frijoles, el caldo, el zumo de lima y ½ cucharada de comino en un robot de cocina y dale caña, sin piedad, hasta que quede cremoso. ¿Que no tienes robot de cocina? Aplástalo todo hasta que tenga una consistencia manejable. Prueba y echa una pizca de sal si ves que la necesita.

* *O dos botes de 400 g si estás en plan vago.*

HUMUS DE JUDÍAS BLANCAS CON ROMERO

Si necesitas meterte un chute de proteínas, unta este humus en un bocadillo y verás cómo está mucho más rico, de aquí a Lima, que cualquier despropósito con mayonesa.

4-6 PERSONAS, UNAS 4 TAZAS

1 Echa todo en el robot de cocina o en el vaso de la batidora y que rule hasta que quede cremosito. Rollo humus, vamos. También puedes hacerlo a mano con un mazo, pero te va a llevar un huevo de tiempo por muy cuadrado que estés.

2 Deja reposar 30 minutos en el frigo para que los ingredientes tengan tiempo de conocerse.

***** *O dos botes de 400 g.*

****** *¿Tahini? Vete a la página 32, anda.*

- 3 tazas de judías blancas cocidas*
- ¼ taza de tahini**
- ¼ taza de caldo de verduras o agua
- 3 cucharadas de vinagre balsámico
- 2 dientes de ajo picados
- 1 cucharada de romero fresco picado

*Esto es una pata de perrito.

¡MOJAD, MOJAD, MALDITOS!
*Esto es un cactus.
5
6
1 cremita de frijoles con cilantro
2 chips de calabacín al horno
3 cremita de frijoles pintos encominados
4 humus de judías blancas con romero
5 platanitos picantes al horno
6 picadillo de maíz y judías de careta

PICADILLO DE MAÍZ Y JUDÍAS DE CARETA

Hay quien lo llama «caviar texano». Nosotros lo llamamos «puro gozo». Sale mogollón de picadillo, así que divide por dos los ingredientes si vas de solitario.

4-6 PERSONAS, UNAS 5 TAZAS

- 1 pimiento rojo
- 1 tomate pequeño
- 3 tazas de judías de careta cocidas*
- 1 taza de maíz sin cocer**
- ½ taza de cebolletas en juliana
- ⅓ taza de cilantro picado
- 2 dientes de ajo picado
- 1 jalapeño picado
- 2 cucharadas de aceite de oliva
- 2 cucharadas de zumo de lima
- 2 cucharadas de vinagre de vino tinto
- ¼ cucharadita de comino molido
- ¼ cucharadita de sal

1 Pica el pimiento y el tomate en trozos tamaño judía.

2 Añade las judías de careta a un cuenco grande y machaca sólo un poco. Lo suyo es aplastar más o menos un tercio; el resto pueden quedarse enteras. De esta forma consigues un picadillo más cremoso, pero puedes pasar del tema si estás hasta los mismísimos de aplastar legumbres.

3 Incorpora el pimiento, el tomate y todo lo demás, remueve y prueba. Tirado. Añade más zumo de lima o sal si lo crees necesario. Sírvelo de tapeo o sobre unas hojas verdes para hacer una ensalada-bomba del carajo.

* *O dos botes de 400 g si lo de ahorrar no va contigo.*

** *Más o menos una mazorca.*

CREMITA DE FRIJOLES CON CILANTRO

Esta sabrosa crema para mojar puede animar hasta la fiesta más petarda. SÍ, ASÍ DE BUENA ESTÁ.

4-6 PERSONAS, UNAS 3 TAZAS

Echa todo en un robot de cocina o una batidora y que rule hasta que quede cremoso. O machaca todo con un mazo hasta que tenga la consistencia deseada. Sirve en caliente, a temperatura ambiente o en frío. También es de puta madre para untar en bocadillos o rollitos.

* *O 1⅔ botes de 400 g.*

- 2 ½ tazas de frijoles negros cocidos*
- ⅓ taza de caldo de verduras o agua
- 2 dientes de ajo
- el zumo de 1 lima
- una pizca de sal
- ½ cucharadita de chile en polvo
- ¼ taza de cilantro picado
- ½ taza de cebolletas picadas

CHIPS DE CALABACÍN AL HORNO

A mediados de verano están que tiran los calabacines en las tiendas. Aprovecha para hacer estos chips. Picotea como un puto rey.

4-6 PERSONAS, UNOS 30 CHIPS SEGÚN EL TAMAÑO DE LOS CALABACINES (EL TAMAÑO IMPORTA, NO LO DUDES)

- aerosol de cocina
- 1 calabacín mediano (unos 10×4 cm)
- 1 cucharada de harina*
- ¼ cucharadita de pimentón ahumado
- ¼ cucharadita de ajo en polvo
- una pizca de sal

1 Precalienta el horno a 175° y rocía una bandeja con el aerosol.

2 Corta los calabacines en rodajas algo más gruesas que una moneda. Si las cortas demasiado finas, pueden achicharrarse en el horno. Si empiezan a echar líquido, escurre con un trapo para secarlas. Mezcla la harina, el pimentón, el ajo en polvo y la sal en un cuenco mediano. Incorpora el calabacín y mezcla todo para que las rodajas se impregnen bien del aroma.

3 Reparte las rodajas por la bandeja y rocíalas con el aerosol. Hornea de 30 a 40 minutos volteándolas cada 10 hasta que estén doradas y crujientes. Echa un ojo de vez en cuando porque pueden pasar del crujiente perfecto a la incineración en un puto segundo. Están más ricas el día en que se hacen.

* *Integral, blanca o de arroz: la que tengas va bien.*

PLATANITOS PICANTES AL HORNO

Estos chips aguantan lo que les echen. Están sabrosos de la hostia y no se rompen ni mojándolos en las cremas más feroces.

4-6, UNOS 30 CHIPS SEGÚN EL TAMAÑO DEL PLÁTANO

- aerosol
- 1 plátano macho verde*
- 1 cucharada de aceite de oliva
- 2 cucharadas de zumo de lima
- 2 cucharaditas de chile en polvo
- ¼ cucharadita de cayena
- ¼ cucharadita de sal

1 Métele caña al horno (200°), pilla una bandeja y rocíala con el aerosol.

2 Pela el plátano y corta en rodajas no más gruesas de 3 mm. No vayas a medirlo, ¡copón!, la idea es «fino».

3 Pilla dos cuencos y echa el aceite y el zumo de lima en uno. Añade el plátano y mezcla de modo que hasta el último pedazo se pringue. Pesca los plátanos y pásalos al segundo cuenco. Espolvorea las especias y la sal y vuelve a mezclar hasta que todos los platanitos tengan algo de aderezo.

4 Dispón en una sola capa sobre la bandeja y hornea unos 20 minutos, pero voltea a los 10. Cuando estén en su punto tienen que verse dorados y crujientes. Están más ricos si se comen en el día para una buena conservación del crujido. Sí, como lo oyes, «conservación del crujido»: nos hemos tirado el moco a base de bien.

* *Los plátanos machos son bananas grandes y con la pulpa más firme.*

PALOMITAS DE SARTÉN A LAS HIERBAS

¿Cuándo coño caímos en el embrujo de las palomitas de microondas? MÁNDALAS A TOMAR ONDAS. Hazlas en casa: son más baratas y están más ricas. Todo el mundo gana. ¿Te acojona quemarlas? Ya las has quemado en el microondas, así que no nos vengas ahora con chuminadas.

4-6 PERSONAS, UNAS 8 TAZAS

ADEREZO DE HIERBAS

- 2 cucharaditas de levadura nutricional*
- 1 cucharadita de albahaca
- 1 cucharadita de tomillo o eneldo
- 1 cucharadita de ajo en polvo
- ⅛ cucharadita de sal

PALOMITAS

- 1 ½ cucharadas de aceite con alto punto de humeo (de coco refinado, por ejemplo)
- ½ taza de granos de maíz deshidratados
- 1 ½ cucharadas de aceite de oliva
- ⅛ cucharadita de sal (opcional)

1 Prepara el aderezo de hierbas. Combina las hierbas con la levadura nutricional, el ajo en polvo y la sal en un cuenco pequeño.

2 Haz las palomitas: calienta el aceite a fuego medio en una sartén grande. Echa un par de granos, tapa y menea de vez en cuando. En cuanto uno salte, significará que la sartén está lista. Puede llevar un minuto y medio.

3 Cuando la sartén esté caliente, añade los demás granos y cubre con una tapadera. Si tienes una de cristal, úsala para espiar el maíz. Menea cada pocos segundos para que las muy perras no se quemen. Si no empiezan a saltar en los primeros 30 segundos, sube un poco el fuego. Enseguida parecerá que hay fuegos artificiales en tu cocina. En cuanto pasen un par de segundos entre cada «pop», apaga el fuego. ¿Has visto como no se tardaba nada?

4 Pasa las palomitas a un cuenco grande. Añade el aceite por encima y remueve para que se impregne todo bien. Rocía con la mezcla de hierbas y remueve. Prueba y añade una pizca de sal si te va el rollo salado. Si tienes mucho autodominio, aguantan bien un par de días en un recipiente al vacío.

* *Da un ligero sabor quesuno y mete un subidón de B_{12}. ¿Sigues con cara de pasmo?* *Vete a la página 10, anda.*

¡COME A LA QUE SALTE!

ENCURTIDO PICANTÓN DE ZANAHORIAS

Ésta es una guarnición clásica en los locales de cocina *tex-mex*. Acompaña tus tacos o burritos favoritos con estas zanahorias y dejarás a todos mudos (salvo para decir «gracias»).

4-6 PERSONAS O UN TARRO GRANDE

1 Corta las zanahorias y los jalapeños en rodajas de un grosor no mayor de ½ cm.

2 Lleva a ebullición en un cazo los vinagres, las hierbas, las especias, la cebolla, el ajo y la sal. Añade las zanahorias y los jalapeños y deja a fuego lento hasta que estén ligeramente tiernos pero sin perder del todo el crujiente (entre 3 y 5 minutos). Apaga el fuego y vierte en un tarro grande de cristal que tenga una tapa que cierre bien. Vale cualquier bote vacío de salsa de espaguetis.

3 Deja reposar un mínimo de 8 horas o por la noche antes de servir. Aguanta por lo menos 3 semanas en el frigo.

250 g de zanahorias
2 jalapeños
¾ taza de vinagre blanco destilado
½ taza de vinagre de manzana
1 cucharadita de orégano
1 hoja de laurel
½ cucharadita de comino en grano
¼ cucharadita de pimienta molida
¼ taza de cebolla blanca o morada en rodajas
2 dientes de ajo, majados
¼ cucharadita de sal

GLAMUR EN TU FRIGO: LLÉNALO DE ENCURTIDOS.

ENCURTIDO RÁPIDO DE PEPINO Y CEBOLLA

Este encurtido fulminante va de lujo con un desayuno como el arroz integral con edamames y salsa de cebollino (p. 11), con las verduras de primavera (p. 177) o sobre una ensalada con salsa de sésamo tostado (p. 35).

4-6 PERSONAS, UNAS 2 TAZAS

- 1 pepino mediano
- ¼ cebolla morada mediana
- ½ cucharadita de sal
- ½ taza de vinagre de arroz
- 1 cucharada de vinagre de manzana

1 Corta el pepino por la mitad y a lo largo. Con piel o sin piel, tú verás. Trocea a continuación cada mitad en un montón de medias lunas no más gruesas de ½ cm. Pica la cebolla en tiras finas como perchas de alambre y no más largas de 5 cm.

2 Pasa el pepino y la cebolla a un cuenco mediano, rocía con la sal e integra todo bien con las manos. Si te crees más guay que nadie, usa una cuchara, pero no tiene sentido. Añade los vinagres y remueve.

3 Tapa y refrigera unos 30 minutos. Remueve y deja reposar al menos otros 30 minutos antes de hincarle el diente. Aguanta al menos una semana en el frigo.

SALSA MEXICANA DE VERANO

Un picadillo tipo pico de gallo o pipirrana. Cuando los tomates están de temporada humilla a cualquier otro aperitivo.

4-6 PERSONAS, 4½ TAZAS APROXIMADAMENTE

Si eres más quisquillosa que el copón con la salsa mexicana, vamos a darte dos opciones: mezcla todo en un cuenco y déjalo con tropezones o mételo todo en una batidora y que rule hasta que tenga la textura que le gusta a la señorita. ¿Que te gusta con tropezones? ¿Que te gusta sin? Mientras pongas salsa en la mesa, ¿a quién coño le importa la textura? Enfría un mínimo de 20 minutos antes de servir.

* *1 lima aproximadamente.*

- 450 g de tomates picados (2 tazas aprox.)
- ½ cebolla blanca, picada (½ taza aprox.)
- 2-3 dientes de ajo
- 1 jalapeño troceado
- 2 cucharadas de zumo de lima*
- 1 cucharada de zumo de naranja (opcional)
- ¼ taza de cilantro picado
- ½ cucharadita de sal

*salsa mexicana a la brasa

*picadillo de melocotón plancha

PICADILLO DE MELOCOTÓN A LA PLANCHA

Que se entere la peña de que tú no te andas con chiquitas en materia de aperitivos. Ante esta combinación perfecta de salado y dulce es muy difícil contenerse.

4-6 PERSONAS, UNAS 3½ TAZAS

1 Corta los melocotones en dados no más gruesos de 2,5 cm. Déjales la piel porque a nadie le viene mal un poquito de fibra en su dieta, ¡copón! Tendrían que salirte unos 12 dados de cada melocotón. Echa en un cuenco grande con el aceite y mezcla todo bien.

2 Calienta tu plancha o parrilla a fuego medio. Pasa los melocotones unos 45 segundos o así por cada lado. No hace falta que se hagan por dentro; lo suyo es que se vean churruscados por fuera porque así queda superprofesional. Al hacerlos a la plancha, los azúcares naturales del melocotón se caramelizan y se ponen más dulcecitos.

3 Una vez que estén todos pasados por la plancha, deja enfriar un par de minutos mientras picas las demás cosas. Cuando se hayan enfriado lo suficiente para no quemarte, corta los melocotones en trocitos que vayan guay para el picadillo y mezcla bien con los demás ingredientes. Refrigera un mínimo de 30 minutos antes de servir.

* *De sésamo o de oliva.*

6 melocotones (1,5 kg aprox.)
½ cucharadita de aceite*
1-2 chiles serranos picados
½ cebolla morada mediana, picada (⅔ taza aprox.)
1 tomate troceado
el zumo de 2 limas
¼ cucharadita de sal
un puñado de cilantro

SALSA MEXICANA A LA BRASA

Ésta es la salsa recomendable cuando los tomates no están de temporada y la mejor opción son los de lata. En caso contrario, haz la salsa de verano (p. 121) con tomates maduritos y reserva ésta para el invierno.

4-6 PERSONAS (2½ TAZAS)

- 1 lata (400 g) de tomates a la brasa troceados
- ½ cebolla blanca picada (1 taza aprox.)
- ⅓ taza de cebolleta picada
- ½ taza de cilantro picado
- 3 chiles serranos picados*
- 8 dientes de ajo asados**
- ¼ cucharadita de comino en grano
- el zumo de ½ lima
- sal al gusto

Echa todo en un robot de cocina o una picadora y pica hasta que quede con la textura que te mola. Con más tropezones, más cremosa... Tu salsa, tus normas. Prueba y añade más zumo de lima si crees que hace falta. Sirve en frío o a temperatura ambiente. Aguanta de 4 a 5 días en el frigo, pero lo más probable es que no sobre ni un pellizco de mierda.

* *Puedes quitarles las semillas si no tienes cuerpo de salsa picante.*

** *Sí, es prácticamente una cabeza. Lo del ajo asado te lo contamos en «Cómo asar ajo» (p. 40), pero puedes usar 2 o 3 dientes de ajo crudos si tienes una emergencia salsera.*

MOJO DULCE DE HIERBAS FRESCAS

Este mojo o aliño no se parece a nada que hayas probado. En la frontera entre lo dulce y lo salado, engancha que te cagas. Remata con él unos tacos de lentejas (p. 144), úsalo para aliñar verduras o combínalo con unos fideos fríos para un primero sin complicaciones. Arremángate.

¾ TAZA APROXIMADAMENTE

- 1 taza de hojas de albahaca picadas a mano
- ½ taza de cilantro picado
- ½ taza de cebolletas en juliana
- 1 jalapeño picado*
- 3 cucharadas de vinagre de arroz
- 1 cucharada de zumo de naranja
- 1 cucharada de zumo de lima
- 1 cucharada de aceite de oliva

Echa todo en un robot de cocina y métele caña hasta que esté todo bien picado. ¿Que no tienes robot? Pues pícalo todo a mano muy muy fino y mezcla en una taza. Listo.

* *Si lo tuyo no es el picante, quítale las pepitas.*

TE VAS A ENTERAR

SAZONA CON ÁCIDOS, NO CON SAL

Cuando cocines en casa y veas que el plato te ha quedado más soso que su puta madre, no eches mano de la sal. Seguro que ya ingieres más cristalitos blancos de los que tu cuerpo puede aguantar. El Instituto de Medicina afirma que los gringos nos tragamos 3400 miligramos de cloruro sódico todos los días, gran parte camuflados en comidas procesadas e inmundicias por el estilo, cuando en realidad deberíamos estar entre los 1500 y los 2300.

Prueba a sustituirla con un poco de ácido. El zumo de limón y el vinagre arreglan un plato mucho mejor que la sal. Los sabores se vuelven más vivos y los alimentos saben más a papeo de restaurante. Sólo tienes que exprimir un poco de limón o menear la botellita de vinagre. De entrada empieza con una cucharadita, pero ve probando. Si te pasas, añade un pelín de aceite o de azúcar para equilibrar el asunto. A continuación van sugerencias sobre mezclas de sabores, pero deja volar tu imaginación y prueba tus propias movidas:

- **Platos con tomate:** vinagre balsámico, vinagre de vino tinto o zumo de limón.
- **Un plato con un montón de especias frescas tipo cilantro, eneldo o perejil:** zumo de limón, zumo de lima o vinagre de vino tinto.
- **Platos aderezados con salsa de soja o aceite de sésamo tostado:** vinagre de arroz o zumo de naranja, limón o lima.
- **Platos de legumbres:** vinagre de manzana, de Jerez o balsámico.

Si has hecho bien tu trabajo en la cocina no tendrías que andar tonteando con el salero.

SALSA VERDE

Este monstruo verde le da un sabor espectacular a nuestros chilaquiles (p. 4) y puede hacer lo mismo con cualquier plato que tenga la suerte de recibir su bendición.

4-6 PERSONAS, 2½ TAZAS APROXIMADAMENTE

600 g de tomatillos*
2 jalapeños
½ cebolla blanca, picada
2 dientes de ajo picados
¼ taza de cilantro picado
1 cucharada de zumo de lima
⅛ cucharadita de sal

1 Enciende el grill del horno y deja que se ponga calentito.

2 Quítale la piel fofa y apergaminada a los tomatillos y retira toda la mierda pegajosa que quede en la fruta. Pon los tomatillos y los jalapeños en una fuente de horno y condénalos al grill.

3 Asa hasta que los tomatillos empiecen a ponerse negros por encima y los jalapeños parezcan ligeramente churruscados (entre 10 y 15 minutos). Dales la vuelta cuando lleven la mitad del tiempo para que se asen bien por todos los lados.

4 Cuando los tomatillos y los jalapeños estén fríos al tacto, pícalos gruesos. Si quieres una salsa más picante, deja las pepitas de los jalapeños; si no, dedícate a pescarlas mientras vas picando.

5 Junta en un robot de cocina los tomatillos, los jalapeños, la cebolla, el ajo, el cilantro, el zumo de lima y la sal, y que rule hasta que tenga una textura con tropezones pequeños, unos 30 segundos.

6 Sirve la salsa tibia, a temperatura ambiente o en frío.

* *No vayas a confundirlos con los tomates verdes. Tienen una piel como apergaminada que hay que quitarles.*

GUACAMOLE A LA PIÑA

Vale, sí, al guacamole no le hace falta nada para estar de muerte, pero si un día te levantas con ganas de innovar, prueba esto. La piña está tan tremenda que a lo mejor te lo comes todo tú solito.

4-6 PERSONAS, 2½ TAZAS APROXIMADAMENTE

2 aguacates
⅔ taza de piña troceada*
½ taza de cebolla morada picada
2 cucharadas de cilantro picado
2-3 dientes de ajo picados
la ralladura de ½ lima
1 cucharada de zumo de lima
⅛ cucharadita de comino en grano
una pizca de sal

Aplasta el aguacate en trozos grandotes. Mezcla con todo lo demás y remueve. Prueba y añade de lo que más te guste. Sirve en frío o a temperatura ambiente. Come en el día. ¿Qué puto sentido tendría esperar?

* *Natural o de lata, da lo mismo.*

NADA HAY MÁS TRISTE QUE LA FALTA DE MOJO.

COLIFLOR ASADA A LA SRIRACHA CON SALSA DE CACAHUETE

Prepara estos bocaditos de coliflor picantes para tu próxima fiesta y multiplica tu eficiencia aperitiva.

4-6 PERSONAS O 1 PERSONA SIN MIEDO A LOS CRUELES EFECTOS DE TANTO PICOR EN SU OJETE

2 coliflores medianas (1 kg aprox.)
½ taza de harina*
½ taza de agua

SALSA PICANTE

2 cucharaditas de aceite**
½-⅔ taza de sriracha o una salsa picante parecida***
¼ taza de vinagre de arroz
½ cucharadita de salsa de soja o tamari

SALSA DE CACAHUETE

¼ taza de agua caliente
¼ taza y 2 cucharadas de crema de cacahuete (suave)
2 cucharadas de vinagre de arroz
2 cucharadas de zumo de lima
2 cucharaditas de jengibre fresco picado
1 cucharadita de salsa de soja o tamari
1 cucharadita de jarabe de arce o de agave
1 pepino, cortado en bastoncitos largos

1 Métele caña al horno (230°) y unta ligeramente una bandeja honda. Parte la coliflor en arbolitos no mayores que un pulgar.

2 Mezcla la harina y el agua en un cuenco grande hasta obtener una masa sin grumos. ¿Ya las has cagado y está llena de grumos? Empieza de cero, anda. Incorpora la coliflor y remueve hasta que todos los trozos se vean ligeramente impregnados. Reparte la coliflor por la bandeja y asa unos 15 minutos. Remueve cuando lleve la mitad del tiempo para que todos los lados reciban su dosis de cariño.

3 Prepara la salsa picante. Mezcla en un cazo pequeño el aceite, la salsa sriracha, el vinagre y la salsa de soja. Calienta a fuego bajo hasta que esté caliente pero sin burbujear. Apaga el fuego y déjala en paz.

4 Ahora toca la salsa de cacahuete. Bate el agua y la crema de cacahuete en un vaso mediano hasta que el mejunje quede cremosito. Añade los demás ingredientes y sigue removiendo para ligarlo todo bien. Refrigera hasta que sea la hora de jalar.

5 Después de los 15 minutos en el horno, pasa la coliflor a un cuenco grande y añade la mezcla con la salsa picante del cazo. Asegúrate de que todo se cubre bien. Devuelve los arbolitos a la bandeja del horno, sin añadir la salsa sobrante del cuenco, y asa otros 3 minutos para que se caliente todo bien.

6 Sirve en caliente o a temperatura ambiente con los bastoncitos de pepino y la salsa de cacahuete para mojar a mano.

* *Harina normal o integral, todo vale. Usa la que tengas.*

** *Va bien con aceite de oliva o de coco.*

*** *Si te gusta bien picante, que sean ⅔ de taza.*

TODO EL
MUNDO
SE PICA
CON ESTE
PICA-PICA.

SI UNA TARTA DE MELOCOTÓN, UN JULEPE DE MENTA Y UN TÉ AL SOL SE MONTARAN UN TRÍO,

PARIRÍAN ESTE REFRESCO.

TÉ AL SOL CON MENTA Y MELOCOTÓN

Si preparas esta delicia refrescante cuando los melocotones están en su punto álgido, no tendrás que echarle ni azúcar ni historias.

4 PERSONAS O 1 MUERTO DE SED

1 Pon el agua y las bolsitas de té en un recipiente grande con tapa y déjalo al sol entre 3 y 5 horas. ¿Que donde vives no hay un puto rayo de sol? Mete en el frigo o deja en la encimera; también se puede hacer así.

2 Cuando el té se haya hecho, ponte a preparar el bebercio. Echa los melocotones en el vaso de la batidora con el zumo de limón, la menta y el agave (en caso de usar). Añade el té y métele caña hasta que esté todo mezclado y no queden trozos de melocotón flotando por ahí. Prueba y añade más dulce si lo crees necesario.

3 Incorpora el hielo y sirve con una ramita de menta en cada vaso. Si tienes patio, sal y disfruta de esta rica mierda mientras pones a caldo a los vecinos.

* *Si los melocotones no están supermaduros.*

4 tazas de agua fría

4 bolsitas de tu té negro favorito

2 melocotones maduros, pelados (o no) y cortados en trozos grandes

2 cucharadas de zumo de limón

10 hojitas de menta más unas ramitas para adornar

2 cucharaditas de jarabe de agave o de arce (opcional)*

hielo

GRANITA DE SANDÍA AL HIBISCO

Sorbe de este vaso helado y dile al verano que deje de dar por culo con el termómetro.

4 VASOS

6 tazas de sandía en dados*

1 ½ tazas de té de hibisco refrigerado**

el zumo de 1 lima

2-3 cucharaditas de jarabe de agave o tu líquido edulcorante favorito

1 Pon la sandía en una fuente de horno honda y deja al menos 1 hora en el congelador.

2 Cuando la sandía esté bien helada, métela en la batidora con los otros ingredientes. Bate todo bien hasta que quede suave. Prueba y añade más dulce si lo crees necesario.

* *Lo suyo es sin pepitas, pero unas cuantas no matan a nadie.*

** *Si estás en modo juerga puedes sustituir ¼ de taza con tequila.*

QUE TE DEN, SOL,

PASAMOS DE TU CULO.

LIMANADA DE JENGIBRE

No hay necesidad de esperar como un capullo a que se enfríe el jarabe que acabas de hervir. Puedes preparar esta burbujeante limonada de jengibre en menos de 5 minutos. Pasa de sed a muerte a saciada en cero con dos. Las sombrillitas son opcionales.

4 PERSONAS

- 1 lima cortada en cuñas pequeñas
- 1 ½ cucharadas de jengibre fresco pelado y rallado
- 3 cucharadas de azúcar o jarabe de agave
- 2 tazas de agua
- 3 tazas de tónica

1 Echa las cuñas de lima, el jengibre, el azúcar y 1 taza del agua en el vaso de la batidora. Que sí, toda la puta lima, con la piel y todo el rollo. Un poco de fe, colega. Métele caña a la batidora (como 1 minuto) para que la lima se pique y se quiebre bien el azúcar.

2 Coloca un colador fino o una estameña en la boca de una jarra y cuela todo el contenido del vaso de la batidora. Desecha la pulpa exprimida. Añade la taza de agua restante y remueve.

3 Y ahora, si quieres hacer una jarra entera, añade la tónica y vuelve a menear. Pero si prefieres prepararla por vasos, lo suyo son ¾ de taza por cada ½ taza de mezcla de lima. Listo. Y si estás considerando la opción de añadirle uno o dos chupitos de ginebra o vodka, seguro que se te quitan todas las tonterías.

CHINCHÍN PERROS.

Va que te cagas con las galletas de chocolate y crema de almendras (p. 195).

BATIDO DE EARL GREY

Resulta que quieres té pero fuera hace un calor del copón. Pues nada, ten una jarra de esta mierda en el frigo para cuando necesites algo refrescante, cremoso y con cafeína. Aguanta en el frigo una semana mínimo.

2 VASOS DE LOS ALTOS

- 2 tazas de leche de almendra a la vainilla
- ½ taza de agua
- 4 bolsas de té Earl Grey*
- 1-2 cucharaditas de jarabe de arce o de agave (al gusto)
- 2 tazas de cubitos de hielo (unos 12 cubitos)
- ½ plátano cortado en trozos y congelado**

1 Calienta la leche de almendra y el agua en un cazo pequeño a fuego medio hasta que empiece a burbujear por los bordes. Apaga el fuego y añade las bolsitas de té. Deja infusionar 10 minutos mientras haces algo de una inutilidad acojonante. Si lo dejas demasiado tiempo puede amargarse, así que ponte una puta alarma, por lo que más quieras. Saca las bolsitas y mete en la nevera para que se enfríe a tope (al menos 1 hora y media).

2 Cuando quieras bebértelo, añade el jarabe de arce, el hielo y el plátano al té y mezcla en la batidora hasta que quede cremosito.

* *En realidad puedes utilizar mate, té verde o lo que te salga de ahí. Vuélvete loca.*

** *El plátano le da dulzor y cremosidad. No es mala idea tener una bolsita de trozos de plátano pelados y congelados en el congelador para momentos como estos.*

HORCHATA DE ARROZ Y ALMENDRAS

Las almendras y el arroz se alían para conseguir una bebida escarchada y cremosa de la hostia. Échate un vaso, pon los pies en alto y deja el trabajo en pausa hasta que te dé el aire.

UNOS 4 VASOS

- 1 taza de arroz integral de grano largo sin hervir*
- ⅔ taza de almendras crudas
- una ramita de canela
- 4 tazas de agua
- 1 cucharada de jarabe de agave o de arce**
- hielo o agua
- canela molida

1 Lava bien el arroz bajo agua fría. Pasa a un recipiente grande con tapa y añade las almendras, la ramita de canela y el agua. Deja en remojo toda la noche o un mínimo de 8 horas.

2 Pasado este tiempo, echa toda la movida en la batidora, el agua y todo, agrega el agave y bate hasta que quede cremoso. No retires la canela, tranquilidad, que esa mierda también se pica. Pasa por un colador fino o una estameña para desechar los restos.

3 Si lo vas a servir de una tacada, añade 1 taza de hielo y mezcla hasta que se enfríe todo bien. Si no, añade otra ½ taza de agua y refrigera. Sirve frío con cubitos de hielo y un poco de canela porque para chula, tú.

* *Para esto lo mejor es el basmati integral, pero usa el integral que encuentres y deja de joder.*

** *Cualquier líquido edulcorante.*

TRITURA LA
OLA DE CALOR
CON UN VASO
DE DISTINCIÓN
HELADA.

966

la fuerza del plato fuerte

BURRITOS, CUENCOS Y OTRAS BOMBAS

TORTAS DE FRIJOLES CON MAYONESA DE CHIPOTLE Y COCO

Las tortas son los bocatas mexicanos. Métete una torta en el cuerpo *ipso facto* y verás lo que perdías en ese mundo de sándwiches estrechos de miras y de todo.

4 TORTAS

1 Lo primero, la mayonesa. Pon todos los ingredientes de la mayonesa en la batidora o el robot de cocina y que rule al máximo como un minuto hasta que quede todo bien ligado. Prueba para ver si quieres más salsa picante. Pasa a una taza o un cuenco y refrigera hasta la hora de comer. Ya se espesará ahí dentro, un poco de paciencia.

2 Lo siguiente, los frijoles. Calienta el aceite en una olla grande a fuego medio. Incorpora la cebolla y sofríe hasta que empiece a estar doradita (unos 5 minutos). Añade el ajo, el chile en polvo y el comino y rehoga otros 30 segundos. Agrega las judías y el caldo y dale un meneíto. Lleva a ebullición a fuego lento y, luego, baja más todavía. Machaca los frijoles con un mazo o una cuchara de palo grandota. Aspira a la textura del guacamole con tropezones. Añade el zumo de lima y prueba. Agrega más sal o especias, si te va ese rollo. Apaga ya el fuego y prepara la torta.

3 Pilla el bollito tostado y unta un pegote de mayonesa de coco y chipotle. Pon un buen puñado de frijoles en la parte de abajo. En medio puedes echar lo que te plazca: lechuga, tomate, cebolla morada y/o aguacate son opciones seguras, pero deja volar la imaginación. Sirve enseguida con más salsa picante (si quieres).

* *Sí, semillas de chía. Tiene omega-3 y mogollón de fibra. Si no las encuentras, las de lino pueden funcionar.*

** *Con 2 botes de 400 g va bien si tienes prisa.*

MAYONESA DE CHIPOTLE Y COCO

1 taza de leche de coco en lata

⅓ taza de tu salsa de chipotle favorita

¼ taza de aceite de oliva

1 cucharada de semillas de chía molidas*

1 cucharadita de zumo de limón

½ cucharadita de ajo en polvo

una pizca de sal

PURÉ DE FRIJOLES

1 cucharadita de aceite

1 cebolla troceada

3 dientes de ajo picados

1 cucharada de chile en polvo

¾ cucharadita de comino molido

3 tazas de frijoles hervidos**

1 ½ tazas de caldo de verduras

el zumo de 1 lima

sal al gusto

RELLENO DE TORTA

4 bollitos crujientes, abiertos y tostados

lechuga

tomate en rodajas

cebolla morada en rodajas

aguacate en rodajas

UNA TORTA ES UN GRAN BOCATA CON ALMA DE BURRITO.

TACOS DE LENTEJAS CON JÍCAMA Y ZANAHORIA

Entre dulzonas y sabrosas, estas enanas rompen todas las normas de los tacos. Agrega una guarnición de coles con salsa de cacahuete (p. 71) y deja que enloquezca tu paladar.

6-8 TACOS

LENTEJAS

3 tazas de agua
1 taza de lentejas negras* lavadas
½ cucharadita de aceite de oliva
½ cebolla, picada
225 g de setas** cortadas tamaño bocado
1 cucharada de salsa de soja o tamari
2-3 dientes de ajo picados
2 cucharadas de zumo de manzana***
1 cucharadita de aceite de sésamo tostado

ENSALADA DE JÍCAMA Y ZANAHORIA

230 g de jícama****
1 pepino pequeño
1 zanahoria
2 cucharadas de vinagre de arroz
1 cucharada de zumo de lima
¼ cucharadita de sal
mojo dulce de hierbas frescas (p. 124)

1 Para las lentejas: lleva el agua a ebullición en un cazo mediano a fuego fuerte y añade las lentejas. Baja a fuego lento y deja que se cuezan hasta que estén blandas (unos 30 minutos). Escurre el agua sobrante y reserva.

2 Calienta el aceite en un wok grande o una sartén honda a fuego medio y añade la cebolla. Sofríe hasta que esté traslúcida (unos 3 minutos). Agrega las setas y rehógalas hasta que suelten parte del líquido (unos 3 minutos). Añade la salsa de soja, menea y a continuación agrega las lentejas. Mezcla bien el asunto e incorpora seguidamente el ajo y el zumo de manzana. Sí, zumo de manzana, ¡joder! Obedece, ¡coño! Guisa hasta que se evapore gran parte del líquido (unos 2 minutos). Apaga el fuego y vierte el aceite de sésamo tostado. Pruébalo, anda. Estupendo, ¿no?

3 Ahora la ensalada: corta la jícama, el pepino y la zanahoria en juliana muy fina (no más de 2,5 cm de largo). Mezcla esto con los demás ingredientes y refrigera antes de servir.

4 Para preparar los tacos, calienta las tortillas y rellena esos regalos divinos con la mezcla de las lentejas, un poco de lechuga o col en juliana y la ensalada de jícama y adereza con la salsa de hierbas. Esta bomba tampoco está mala fría si te puede la pereza para calentar las sobras. Unos tacos fríos siguen siendo unos putos tacos.

* *Estas cabroncitas (que también se llaman «lentejas beluga», por su parecido con el caviar) se deshacen menos que sus hermanas, así que ya puedes empezar a buscarlas.*

** *Puedes usar champiñones, níscalos, colmenillas o lo que sea.*

*** *Del genuino, no cualquier porquería con «sabor a manzana».*

**** *Un tubérculo que sabe de puta madre. Parece hijo del amor (o el fornicio) entre una manzana y una patata. No te resistas y cómpralo ya.*

LAS LENTEJAS
NUNCA FUERON
MÁS FELICES.

LUBRICA TU VIDA: ACEITES SALUDABLES

Cuando vayas a aprovisionar tu despensa, lo suyo es que pilles la mejor mierda para ti y tus recetas. El aceite es lo primero que toca la sartén en tantos platos que conviene saber elegirlo. En cocina y repostería, no a todos los aceites los crearon iguales. Algunos son buenos para cosas a fuego bajo como rehogar, mientras que otros sacan lo mejor de sí mismos cuando salteas o asas. Lo suyo es conocer las diferencias y elegir así la mejor mierda para tu plato. Los mejores aceites para cocinar a fuego fuerte son los que tienen un punto de humeo alto. Así que si ves que tu aceite humea, es que la has cagado. Cuando se pone a humear, empieza a diluirse y suelta radicales libres y un montón de porquerías que no son buenas para la salud. Calienta el aceite hasta que empiece a brillar y ponte entonces a cocinar.

Más allá de su función, también mola que el aceite añada sabores campeones a tu plato. Está controlado. Mira las listas de abajo y aprende las claves de un buen lubricado.

Aceites que deben evitarse

Sin historias: no compres estas putas mierdas. La mayoría de estos aceites están muy refinados y no suponen ningún aporte nutricional. Pilla otra cosa y gástate el dinero en algo decente.

- **aceites de colza o maíz**
- **manteca vegetal (sobre todo si está petada de aceites parcialmente hidrogenados)**

Aceites para cocinar a fuego bajo o medio

- **aceite de oliva**
- **aceite de coco sin refinar (sabe a coco de verdad y aguanta a temperatura ambiente)**
- **cualquiera de los aceites de punto de humeo alto (ver abajo)**

Aceites para cocinar a fuego fuerte

- **aceite de sésamo**
- **aceite de coco refinado (no sabe a coco; sólido a temperatura ambiente)**
- **aceite de cacahuete**
- **aceite de girasol**

Aceites para aliñar, salsas y sabor extra

- **aceite de oliva virgen extra**
- **aceite de nuez**
- **aceite de sésamo tostado**

Si lo que quieres es un aceite que aguante bien a temperatura ambiente para cosas como hojaldres y galletas, pilla el de coco refinado y manos a la masa. Deja de buscar más mierdas. Y ahora, anda, a cocinar alguna delicia o hazle un test a tu familia sobre putos aceites y queda como un listillo.

RAVIOLIS DE TOFU CON MARINARA CASERA

Hacerle esta pasta rellena a alguien es una hazaña de la hostia y queda muy sexi en cualquier cita. Nada dice con más elocuencia «pasemos al dormitorio».

UNOS 30 RAVIOLIS DE 5 CM

MASA*

2 tazas de harina normal
½ taza de harina de repostería integral de trigo
una pizca de sal
¾-1 taza de agua
3 cucharadas de aceite de oliva

marinara casera (p. 148)
ricota de tofu (p. 149)

1 Para hacer la pasta: mezcla las harinas y la sal en un cuenco grande y remueve bien. Forma un cráter en el centro y añade ¾ de taza del agua y el aceite de oliva. Amasa los líquidos y la harina hasta que quede una masa rugosa. Si queda mucha harina seca en el cuenco, añade el ¼ de taza de agua que queda (no más) a cucharadas hasta que la cosa ligue (tiene que quedar un poco más seca y menos viscosa que la masa de pizza). Cuando tengas una pelota, amasa sobre una superficie bien enharinada para que quede bien elástica (unos 10 minutos). Si no lo haces, se te quedará más pastosa y gruesa, así que no cedas a la pereza. Devuelve la masa al cuenco, cúbrela y deja reposar en el frigo un mínimo de 30 minutos y un máximo de 2 horas.

2 Prepara la ricota de tofu y la marinara mientras reposa la masa.

3 Para hacer los raviolis, vas a necesitar un molde.** Corta primero la masa por la mitad. Extiende un trozo sobre una superficie enharinada, con más o menos forma de rectángulo, que tenga el doble de anchura que tu molde y de 6 mm de grosor. Con el lado más corto del rectángulo mirando hacia ti, utiliza el molde para ir estampando dos cuadrados de raviolis casi pegados, hasta hacer unos 15 pares a lo largo del rectángulo. Rellena cada cuadradito de ravioli de la izquierda con 1 cucharada de la ricota de tofu. Con la ayuda de una brocha de repostería o papel de cocina, humedece la masa por los bordes de todos los cuadrados y pliega la fila de la derecha sobre la izquierda para que todos los cuadrados estén alineados y el relleno quede completamente cubierto (echa un vistazo en la p. 149). Vuelve a cerrar todos los raviolis con el molde hasta que se hayan pegado bien y pasa luego a una bandeja grande. Repite la operación con la otra mitad de masa. (Llegados a este punto, puedes congelar los raviolis o cocerlos directamente.)

(Quieto parado, colega, que no hemos terminado: vuelve la página)

* *Si tienes un ataque de vaguitis aguda o te da cosa preparar tu propia masa, puedes hacer trampa y comprar hojas de wontón preparadas y utilizarlas en vez de la masa. Sáltate toda la movida de recortar los raviolis y amasarlos. Sólo tienes que colocar un poco de relleno en el centro de una hoja de wontón, humedecer los bordes y presionar otra hoja encima, asegurándote de sellar bien los bordes. Refrigera o cuece directamente, igual que con los caseros.*

** *El molde para raviolis no vale nada en cualquier tienda de menaje y te facilitará el proceso de la hostia. Siempre puedes usar también un cuchillo y cortarlos si te levantas ese día valiente. Recuerda, eso sí, humedecerte los dedos y presionar los bordes para que no se te salga el relleno cuando los cuezas.*

4 Para cocerlos lleva a ebullición una olla grande de agua con sal y añade los raviolis en tandas de 8-10 raviolis, según el tamaño de la olla. Hierve lento hasta que los raviolis floten (de 2 a 4 minutos).

5 Sirve con la marinara.*

* *O sirve con tu salsa favorita o el pesto de albahaca de la Lasaña Mixta de Champiñones y Espinacas (p. 150) rebajado con un par de cucharadas de agua.*

MARINARA CASERA

No seas lerda y aprende a hacer una marinara básica. Las putas leyes de este libro así lo exigen.

UNAS 4 TAZAS

½ cebolla grande**
1 zanahoria
3 dientes de ajo***
1 cucharadita de aceite de oliva
1 cucharadita de tomillo
una pizca de guindilla picada
1 lata (800 g) de tomates enteros****
sal

** *Blanca, amarilla o dulce, todo vale. La que esté más barata.*

*** *O puedes emplear 5 dientes de ajo asado (p. 40) para variar.*

**** *Que no lleven sal por un tubo ni ningún otro condimento.*

1 Pica la cebolla. Trocea la zanahoria en trozos tamaño guisante. Pica fino el ajo. Esto lo haces con los ojos cerrados.

2 Calienta el aceite en una olla mediana a fuego medio. Añade la cebolla y sofríe hasta que esté dorada por algunos puntos (entre 4 y 5 minutos). Agrega la zanahoria y rehógala otros 2 minutos. Añade el ajo, el tomillo y la guindilla picada. Ya debería estar oliendo a gloria bendita.

3 Abre la lata de tomates, pilla unos cuantos y machácalos en un puño (como si fueran una pelota antiestrés). Estruja bien hasta que estén bien chafados y añade esa plasta a la olla. Repite la operación con los otros tomates y añade luegoa ¾ taza del jugo de la lata. Reduce a fuego medio-bajo y deja sin tapar unos 25-30 minutos hasta que se deshagan todos los tomates. Prueba y añade más ajo, tomillo, sal o lo que te salga de ahí.

4 Si te gustan las salsas muy cremosas, pasa ésta por el vaso de batir o mete la batidora de mano en la olla para deshacerte de los tropezones. La salsa aguanta una semana en el frigo.

RICOTA DE TOFU

2 TAZAS APROXIMADAMENTE

1 Echa las pipas de calabaza en un robot de cocina y deja que rule hasta obtener trocitos enanos.

2 Saca el tofu del envoltorio y estrújalo con las manos para quitarle toda el agua que puedas. Ponlo en el robot de cocina y deja que rule hasta formar una cremita con las pipas.

3 Echa en un cuenco con el aceite de oliva, la ralladura y el zumo de limón, la sal y el ajo. Mezcla todo bien e incorpora la levadura nutricional. ¡Listo! Mete la ricota en el frigo hasta que la necesites. Si vas mal de tiempo puedes hacerla con un día de antelación.

- ¼ taza de pipas de calabaza crudas y peladas
- 1 paquete (400 g) de tofu extradenso
- 1 cucharada de aceite de oliva
- ½ cucharadita de ralladura de limón
- 1 cucharada de zumo de limón
- ¼ cucharadita de sal
- 3-4 dientes de ajo picados
- ¼ taza de levadura nutricional*

* *¿Eh? Vete a la página 10, anda.*

LASAÑA DE CHAMPIÑONES Y ESPINACAS

Es una movida un poco complicada, pero merece la pena. Haz este plato cuando tengas que impresionar a alguien o cuando te sientas más solo que la una. Hablemos claro: esta lasaña es mejor que cualquier amigo.

6-8 PERSONAS EN UNA SESIÓN O PARA TU CULO SOLITARIO DURANTE SEMANA Y MEDIA

PESTO DE ALBAHACA

- ⅓ taza de almendras laminadas o picadas
- 1 ¼ tazas colmadas de hojas de albahaca picadas a mano
- 2 cucharadas de aceite de oliva
- 2 cucharadas de agua
- 1 cucharada de zumo de limón
- ½ cucharadita de ralladura de limón
- ½ cucharadita de sal
- 2-3 dientes de ajo picados

RELLENO DE ESPINACAS Y CHAMPIÑONES

- 400 g de champiñones
- 1 cucharadita de aceite de oliva
- 6 tazas de espinacas
- sal
- 450 g de placas de lasaña rizadas
- tanda doble de marinara casera (p. 148)
- tanda doble de ricota de tofu (p. 149)
- tomates en rodajas (opcional)

1 Echa todos los ingredientes del pesto en un robot de cocina y pica hasta que quede tipo crema. ¿Que no tienes robot? No te alteres, colega. Pon las almendras en una bolsa de plástico y aplástala con un rodillo o una lata hasta que queden finitas. Pica bien las otras cosas. Mezcla todo con un tenedor hasta que parezca una pasta. Reserva.

2 Para hacer el relleno, descarta los tallos gruesos de los champiñones y córtalos en láminas no más gruesas que una moneda. Calienta el aceite en una sartén grande a fuego medio. Añade los champiñones y sofríe otros 2 minutos. Incorpora las espinacas, agrega una pizca de sal y sigue rehogando hasta que las espinacas se escalden (unos 3 minutos más). Apaga el fuego y añade dos cucharadas de pesto. Prueba y echa más de lo que quieras. Ya sabes cómo va el tema.

3 Precalienta el horno a 190° y pilla una fuente de 20×25 cm.

4 Cuece las placas de lasaña según las indicaciones del paquete. Vierte un cucharón de 1 taza de salsa marinara en el fondo de la fuente de horno y distribuye las placas para que cubran todo el fondo, solapándose sólo un poco. Esparce un tercio de la ricota, seguido de un tercio del relleno de verduras y vierte a continuación otra taza de salsa por encima. Incorpora una cucharada o dos de pesto por lo alto y empieza a poner otra capa de placas. Repite toda la operación hasta que no quede sitio en la fuente y cubras de placas de lasaña la última capa. Riega con lo que quede de salsa por encima. Si quieres quedar de puta madre, adorna con unas rodajas de tomate.

5 Cubre con papel de aluminio la bandeja, que pesará como sus muertos, y mete en el horno unos 30 minutos. Aparta luego el aluminio con cuidado y hornea hasta que los bordes de la pasta empiecen a dorarse (otros 25-30 minutos). Deja reposar 10-15 minutos antes de meterle mano. Echa un poco del pesto restante y a comer.

DEJA TRANQUILO
AL PUTO REPARTIDOR.

PAD THAI VEGETAL CON TOFU FRITO

Deja de joder con las cochinadas a domicilio. Puedes hacer cosas más ricas en casa. Además, no tienes que ponerte los pantalones para abrir la puerta.

4 PERSONAS

1 Mezcla los ingredientes de la salsa en un vaso mediano.

2 Cuece los fideos según las indicaciones del paquete. Lava con agua fría. Corta el brócoli en trozos no mayores que una moneda pequeña y prepara las demás verduras y hierbas. ¿Salteamos?

3 Cuando lo tengas todo bien ordenadito, calienta el aceite a fuego medio en una sartén honda o un wok. Cuando esté caliente, añade las chalotas y saltea esas cabronas hasta que empiecen a churruscarse por los bordes (unos 2 minutos). Agrega el brócoli y dale caña otros 2 minutos hasta que se tueste un poco sin que llegue a quedarse mustio. Ahora añade el ajo y saltea otros 30 minutos. Incorpora poco a poco los tallarines y ⅓ de taza de salsa. Luego dale un buen meneíto al wok para asegurarte de que la cosa se impregna como Dios manda. Sigue moviendo y agrega el tofu. Rehoga algo menos de 1 minuto para que la salsa quede bien absorbida. Sigue añadiendo cucharadas de salsa hasta obtener la textura que te gusta. Apaga el fuego e incorpora las cebolletas y el cilantro.

4 Sirve al instante esta montaña de sabor coronada con la col, las zanahorias, los brotes de soja y, por último, los cacahuetes. Adorna con trozos de lima por aquí y por allá y exprime un poco por encima antes de hincarle el diente.

* *No te la comas de un tirón porque es demasiada sal para un día. Te jodes.*

** *Usa una cebolla normal si no encuentras nada mejor.*

*** *Tipo girasol o algo parecido.*

**** *Lombarda u otro repollo.*

SALSA

¼ taza de zumo de lima
¼ taza de salsa de soja o tamari*
3 cucharadas de agua
3 cucharadas de azúcar moreno
3 cucharadas de tomate concentrado
3 cucharadas de vinagre de arroz

TALLARINES

400 g de tallarines de arroz
1 ramillete de brócoli mediano
⅓ taza de chalotas en juliana**
4 dientes de ajo picados
1 taza de cebolletas en juliana
¼ taza de cilantro picado grueso
2 cucharaditas de aceite de sabor neutro***
tofu frito (p. 154)

COMPLEMENTOS

2 tazas de col en juliana fina****
1 zanahoria en bastoncitos
1 taza de brotes de soja
cacahuetes picados
cuñas de lima

TOFU FRITO

¿Quieres tofu frito y crujientito pero sin tanto puto aceite? AHÍ LO LLEVAS.

2-4 PERSONAS O PARA AÑADIR A ALGUNA RECETA DE ENTRANTE

- 1 paquete de tofu extradenso estrujado un mínimo de 30 minutos (ver «Cómo asar tofu», p. 76)
- una pizca de sal

1 Corta el tofu en rectángulos de unos 6 mm de grosor y vuelve a cortar en dos a lo ancho. Tendrían que salirte unos 20 trozos rectangulares.

2 Precalienta un wok grande o una sartén honda de hierro fundido* a fuego medio. Cuando esté caliente, añade el tofu en una única capa. Puede que tengas que hacerlo en dos tandas, según el tamaño de la sartén. Lo suyo es que el tofu chisporrotee al introducirlo en la sartén, así que, si no dice nada, sube un poco el fuego.

3 Echa una pizca de sal por encima del tofu y empieza a presionarlo ligeramente con una espátula de madera. Oirás que el vapor se escapa de debajo del tofu al hacerlo. Parecerá que grita pero no te acojones. No intentes darle la vuelta todavía; tienes que dejar que se tueste. A los 3 o 4 minutos, la parte de abajo tiene que estar marroncita. Da la vuelta y repite la operación. Cuando esté hecho por todas partes, puedes cortarlo en tiras, triángulos, cuadrados más pequeños, lo que te salga de ahí. Lo que pasa es que para darle la vuelta, cuanto más grande, mejor.

* *Lo suyo es una buena sartén todoterreno para que no se te pegue el tofu. A falta de otra cosa, emplea una sartén antiadherente.*

DEMUÉSTRALE AL TOFU
QUE LA SOJA
NO TE VACILA

ENCHILADAS CON BONIATO, CALABACINES Y FRIJOLES

En este mundo hay dos tipos de personas: la gente a la que le gustan las enchiladas y la gente que no tiene ni puta idea de comida. ¿Con quién te identificas?

8 ENCHILADAS O PARA 4 PERSONAS

SALSA PARA ENCHILADAS

2 ¼ tazas de caldo de verduras
⅓ taza de tomate concentrado
2 ½ cucharadas de chile en polvo
2 cucharaditas de comino molido
1 ½ cucharaditas de orégano
2-3 dientes de ajo picados
2 cucharaditas de salsa de soja o tamari
1 cucharada de zumo de lima

RELLENO

1 boniato grande (450 g aprox.) troceado en dados*
2 cucharaditas de aceite de oliva
½ cebolla, picada
1 calabacín amarillo mediano, rallado con el rallador (1 taza aprox.)
1 cucharadita de chile en polvo
½ cucharadita de comino molido
½ cucharadita de sal

1 Prepara la salsa para las enchiladas: échalo todo menos el zumo de lima en un cazo mediano y lleva a ebullición a fuego lento. Utiliza unas varillas o algo parecido para que el tomate concentrado no se quede naufragando en un pegote. Deja cocer entre 10 y 15 minutos, así la salsa tendrá tiempo de espesarse un poco. Agrega el zumo de lima y apaga el fuego. Deja que se enfríe mientras preparas el relleno.

2 Para hacer el boniato, pilla un cazo mediano, vierte entre 2,5 y 5 cm de agua y lleva a ebullición a fuego medio. Introduce tu vaporera metálica y echa los dados de boniato. Cubre y deja que se haga al vapor hasta que estén tiernos (10-15 minutos). Pasa a un cuenco y tritura los trozos. Da igual si queda algún tropezón, así que no hace falta que te esfuerces tanto para dejarlo hecho puré.

3 Mientras se hace el boniato, pilla una sartén honda o un wok y calienta el aceite a fuego medio. Añade la cebolla y sofríe hasta que empiece a dorarse (3-5 minutos). Incorpora el calabacín y rehoga otro minuto. Agrega el chile en polvo, el comino, la sal, el ajo y los frijoles. Rehoga otros 2 minutos, añade el boniato triturado y el jarabe de arce y apaga el fuego. Mezcla bien hasta que ligue todo.

4 Y ahora, a hacer unas enchiladas de aúpa. Métele caña al horno (190°) y pilla una fuente de 20×30.

(Sigue: sabes perfectamente que no hemos terminado...)

** En realidad sólo hace falta un boniato hervido. Si te queda uno asado que te haya sobrado de otra cosa, sácale la pulpa y sigue con la receta. O hazlo al vapor en el microondas: pincha con un tenedor y pon al máximo unos 5 minutos, dale la vuelta y 5 minutos más.*

2 dientes de ajo picados

1 ½ tazas de frijoles cocidos**

1 cucharadita de jarabe de arce o de agave

un paquete de tortillas de maíz o trigo

aguacate en rodajas

cilantro fresco picado

5 Cubre el fondo de la fuente de horno con unas 1 ½ tazas de salsa para las enchiladas. Calienta las tortillas en una plancha, en el horno o el microondas. Moja ligeramente una tortilla en la salsa del fondo para que se impregne bien la parte de abajo. Rellena la tortilla con unas 2 cucharadas de relleno, enrolla y coloca con el borde hacia abajo en la fuente. Ya sabes cómo tienen que quedar las enchiladas, así que déjate de tonterías y hazlas. Sigue hasta que te quedes sin sitio o sin relleno.

6 Cubre las enchiladas con la salsa restante, tapa la fuente con papel de aluminio bien remetido por debajo y hornea 20 minutos. Retira luego el aluminio y hornea otros 5 minutos. Deja enfriar un minuto o dos antes de servir. Si quieres echarle delicias por encima, no te cortes: unos aguacates en rodajas o cilantro picado.

** *O una lata de 400 g.*

CURRY DE MANGO

Casi en la misma playa de San Diego hay un local tailandés muy campeón que tiene un curry de mango que quita el sentido. Esta receta es nuestro intento de estar a la altura, pero si alguna vez pasas por allí y quieres comer el de verdad de la buena, pregunta por Thai Village.

4 PERSONAS

1 cucharadita de aceite de coco
½ cebolla, picada
1 ½ tazas de judías verdes, cortadas en trozos de 2,5 cm
1 calabacín mediano, cortado en medias lunas de 6 mm
1 pimiento rojo o amarillo troceado
3 dientes de ajo picados
1 ½ cucharadas de jengibre fresco picado
2 cucharadas de pasta de curry roja*
1 cucharada de salsa de soja o tamari
1 ½ tazas de leche de coco en lata
1 taza de caldo de verduras
1 mango maduro, cortado en trozos (vete a la p. 74)
tofu frito (p. 154)
2 cucharadas de zumo de lima
ollón básico de arroz integral (p. xxiv)

1 Pilla una olla mediana y calienta el aceite a fuego medio. Agrega la cebolla y rehoga hasta que quede ligeramente dorada (unos 3 minutos). Añade las judías verdes, el calabacín y el pimiento y sofríe hasta que las verduras se ablanden (otros 2-3 minutos). Incorpora el ajo, el jengibre y la pasta de curry y rehoga otros 30 segundos. Aspira ese olor portentoso. Añade la salsa de soja, la leche de coco y el caldo de verduras y deja a fuego lento.

2 Cuando la olla esté hirviendo a fuego lento, añade el mango y el tofu. Baja más el fuego y deja hacerse hasta que el mango esté blando como para deshacerse (5-8 minutos). Apaga el fuego, agrega el zumo de lima y emplata. Sirve por encima del arroz integral y dile a tus vecinos que se vayan a tomar por culo cuando pasen a preguntarte qué huele tan bien.

* *Tiene un montón de ingredientes (chalotas, limoncillo, galanga, chiles rojos, etc.). Hay pastas más picantes que otras, de modo que prueba primero con 1 cucharada y luego ya vas viendo. Hay cientos de recetas para hacerla en casa, de modo que, si tienes una despensa bien surtida, elige una receta y hazla desde cero.*

TE VAS A ENTERAR

¿QUÉ MIERDA SIGNIFICA *ECOLÓGICO*?

A la hora de publicitar sus productos las empresas de alimentación hacen todo tipo de paridas para vender sus mierdas a los consumidores. Es necesario conocer la definición de estos términos «verdes» para que no te den gato por liebre al comprar.

El tema está así: los alimentos ecológicos son los que se crían y se producen sin utilizar pesticidas convencionales, fertilizantes sintéticos, sedimentos de aguas residuales, radiación ni ingeniería genética. Antes de poder etiquetar un producto como ecológico, un certificador ajeno inspecciona el lugar de producción una vez al año para asegurarse de que se cumplen todos los estándares ecológicos exigidos por el Departamento de Agricultura de Estados Unidos (USDA). Toda esa movida cuesta un dinero, y ésa es una de las razones por las que los productos ecológicos suelen ser más caros. Y también hay pequeñas granjas que trabajan en plan ecológico, pero que no pueden permitirse pagar la certificación. Son cosas que hay que saber. La sal y el agua no pueden etiquetarse como ecológicas, de modo que si alguien viene diciéndote que su agua es ecológica, quítasela de las manos y ríete en su puta cara. Aquí un pequeño resumen de los calificativos «verdes»:

100 % ecológico: un tercero ha certificado que este producto sólo contiene ingredientes orgánicos.

Ecológico: es 95 % orgánico y el 5 % restante sólo pueden ser historias incluidas en una lista de ingredientes aprobados por el USDA. También figura el sello del USDA.

Elaborado con ingredientes ecológicos: significa que el producto contiene al menos un 70 % de ingredientes orgánicos, con un asterisco en la lista de ingredientes.

Natural: no significa una mierda en lo que respecta a frutas, verduras, cereales y legumbres. No significa una puta mierda porque no está regulada.

Cuidado también con los capullos que utilizan «ecológico» en el propio nombre del producto o la marca para confundir a la peña. Tómate un segundo para leer bien la etiqueta, coño, que no te timen estos cabrones.

PASTA CON CALABACÍN, PIMIENTOS A LA BRASA Y TOFU SEDOSO

No dejes que un poco de soja te impida hacer este plato tan veraniego como sexi. Está de puta madre con la ensalada césar de almendras (p. 39) si quieres hacer una comida de varios platos o algo parecido.

4 PERSONAS COMO PLATO FUERTE, PERO SI TE LO MONTAS TÚ SOLA PUEDES TENER UNAS SOBRAS MÁS QUE DECENTES QUE AGUANTEN CASI TODA LA SEMANA

SALSA DE PIMIENTOS ROJOS AL SEDOSO

350 g de tofu suave sedoso*

2 pimientos rojos a la brasa (página siguiente) picados

3-4 dientes de ajo picados

1 ½ cucharadas de vinagre de vino tinto

2 cucharaditas de aceite de oliva

¼ taza de levadura nutricional**

¾ cucharadita de sal

1 cucharadita de guindilla picada

PASTA

450 g de espaguetis, *linguine* o *fettuccine****

4 calabacines medianos****

1 taza de albahaca, picada en tiras finas

1 Prepara primero la salsa. Echa todo en el vaso de la batidora o en un robot de cocina, y que rule al máximo hasta que quede una salsa cremosa. Pasa a un cazo pequeño y deja sobre la hornilla. Tranquilidad, que ahora volvemos con esta mierda.

2 Cuece la pasta según las indicaciones del paquete... o tus instintos pastícolas. Mientras se hace, corta el calabacín en bastoncitos finos. Sí, anda, presume de técnica con el cuchillo. Intenta que los bastoncitos salgan lo más parecido posible al tamaño de la pasta para que se mezclen guay y copulen en felicidad. No te pases todo el puto día haciendo esto. Intenta que parezcan calabacines y espaguetis siameses, pero apechuga con lo que te salga.

3 Justo antes de que la pasta esté lista, empieza a calentar a fuego bajo la salsa de antes, pero sin que llegue a hervir. Cuando la pasta esté al dente, escurre y pasa rápidamente a un cuenco grande. Añade los bastoncitos de calabacín a la pasta y agrega la salsa caliente. Mezcla todo bien y, con el calor de la pasta y la salsa, el calabacín se ablandará ligeramente. Incorpora la albahaca y prueba. Agrega más vinagre, sal o guindilla picada, lo que más rabia te dé. Decora con un par de hojitas de albahaca y sirve al momento.

* *Lo suyo es el que venden en el envoltorio aséptico. En los estantes, al lado de la salsa de soja.*

** *¿Eh? Vete a la página 10, anda.*

*** *Vale con pasta integral o normal. Pero que sea larga y fina.*

**** *Calabacines de 10-13 cm de largo, del grosor de un brazo de retoño.*

CÓMO HACER PIMIENTOS A LA BRASA

No hagas más el capullo y deja de comprar latas de pimientos a la brasa. Para eso, quema billetes directamente y acabamos antes. Esta movida no puede ser más fácil y te ahorra un dinero. Pilla un poco de papel aluminio, unos pimientos rojos y vete a la hornilla.

1. Coloca un pimiento en medio de un quemador de una hornilla de gas* y pon a fuego fuerte. Quema la piel de los pimientos, rotando hasta que quede toda negra. Haz el favor de coger unas pinzas o algo (las manos NO) o prepárate a vivir con las consecuencias de una decisión estúpida.
2. Cuando los pimientos estén requemados por todos lados, pon uno sobre un trozo de aluminio y envuélvelo bien para que no se escape nada de vapor. Deja enfriar unos 15 minutos.
3. Cuando se hayan enfriado, la piel quemada se habrá separado ligeramente de la pulpa y podrás pelarlos sin problema. No los pongas debajo del grifo para ahorrar tiempo. Te cargarías el sabor a brasa, así que no la cagues en el último momento.

Cuando tengas los pimientos pelados, eres libre de hacer cosas tan tremendas como pasta con calabacín, pimientos a la brasa y tofu sedoso (página anterior) o echárselos a una marinada casera (p. 148). Puedes hacerlos con uno o dos días de antelación: sólo tienes que guardarlos en un recipiente al vacío dentro del frigo.

***** *No vamos a estigmatizarte si sólo tienes hornilla eléctrica. Anda, pon el horno a 200° y cubre una bandeja con un poco de papel de aluminio. Coloca los pimientos encima, asa unos 25 minutos, dales la vuelta y hornea otros 25 minutos hasta que parezcan churruscados y blandos. Envuélvelo en aluminio y sigue los restantes pasos. Listo.*

VINO
DEL
SUBSUELO
ESTÉREO REAL
3-DIMENSIONES
NO HAY
COCINA EN ESTE
MUNDO DONDE
QUEPA...
LA COLIFLOR
CULIGORDA

PASTA CON NATA DE COLIFLOR A LAS HIERBAS

¿Quieres comerte una pasta con nata sin tener que preocuparte por el puto colesterol? La coliflor en puré hace que esta salsa quede sedosa sin necesidad de todas esas porquerías añadidas que han hecho que rehúyas los paquetes de nata. No te cortes si quieres echarle espárragos a la plancha, brócoli al vapor o pimientos rojos asados cuando quieras variar un poco.

4 PERSONAS

- 450 g de pasta (espaguetis o lo que sea)
- 4 tazas de espinacas troceadas
- sal y pimienta
- ½ coliflor (unos 450 g), cortada en arbolitos
- ½ taza de leche vegetal entera sin azúcar
- 2-3 dientes de ajo picados
- 1 cucharada de zumo de limón
- 1 cucharada de aceite de oliva
- 1 cucharadita de pasta de miso*
- ⅓ taza de perejil fresco picado

1 Cuece la pasta según las indicaciones del paquete o siguiendo el método que te hayas inventado y sin el que ya tu vida no sería igual. Cuando esté hecha, pon en un cuenco grande con las espinacas, remueve y reserva.

2 Mientras se hace la pasta, lleva a ebullición media olla de agua. Echa un poco de sal, agrega la coliflor y cuece a fuego lento hasta que esté blanda (5-7 minutos). Cuela la coliflor y pasa al vaso de la batidora.

3 Añade la leche, el ajo, el zumo de limón, el aceite de oliva y ⅛ de cucharadita de sal y que rule la batidora hasta obtener una especie de nata. Prueba y rectifica como veas.

4 Vierte el puré de coliflor en la olla donde la herviste y pon a fuego lento. Añade la pasta y las espinacas y menea hasta que esté todo mezclado y caliente. Echa un poco de perejil y salpimienta al gusto. Sirve en caliente.

* *Te vale la que hayas comprado para hacer caldo. Vete a la página 88, anda.*

BURRITOS DE GARBANZOS Y BRÓCOLI ASADOS

Éste es uno de los platos favoritos de nuestros fans: tenía que aparecer en el libro. Es un clásico de las noches entre semana y un burrito que mereces tener en tu vida. Haz caso de los fans: saben de qué va el tema.

4-6 BURRITOS

NO SEAS
BURRO
Y COME
BURRITOS.

EL BRÉCOL Y EL BRÓCOLI SON LO MISMO, DE NADA.

1 cebolla mediana
1 pimiento rojo
1 ramillete grande de brócoli
3 tazas de garbanzos cocidos*
3 cucharadas de aceite de oliva
1-2 cucharadas de salsa de soja o tamari
2 cucharaditas de chile en polvo
1 cucharadita de comino molido
1 cucharadita de pimentón ahumado
½ cucharadita de semillas de cilantro molidas**
cayena al gusto
4 dientes de ajo picados
½ lima
4-6 tortillas de trigo
guarnición de burritos tipo espinacas, aguacate, cilantro o salsa mexicana a la brasa (p. 124)

1 Métele caña al horno (215°) y pilla una bandeja honda.

2 Pica la cebolla, el pimiento y el brócoli hasta que queden del tamaño de un garbanzo. Junta en un cuenco grande todas las verduras troceadas y los garbanzos cocidos. Añade el aceite y la salsa de soja, remueve y agrega a continuación todas las especias. Mezcla hasta que todo se impregne bien. Pasa todo a la bandeja y hornea 20 minutos.

3 Saca la bandeja del horno (no te quemes, ¡mentecato!), añade el ajo y remueve. Asa otros 15 minutos. Puede que a estas alturas el brócoli parezca algo requemado, pero ésa es la idea, así que tranquilo, colega, y saca la cosa del horno. Exprime la lima sobre la bandeja y menea los garbanzos y las verduras braseadas. Prueba a ver si necesita más especias o cualquier historia.

4 Y ahora prepara un burrito de la hostia. Nosotros somos muy fans de las espinacas, el aguacate, el cilantro y un poco de salsa al fuego, pero tú, a tu bola.

* *O dos botes de 400 g.*

** *O más comino si no quieres llegarte a la tienda de especias.*

TACOS DE COLIFLOR ASADA CON CERVEZA Y ENSALADA DE COL

Pilla una birra y arremángate. Eso sí, no te pongas muy ciega antes de terminar el plato.

UNOS 6 TACOS

1 coliflor (450 g aprox.)
¾ taza de cerveza*
¼ taza de caldo de verduras**
1 cucharada de zumo de lima
1 ½ cucharaditas de salsa de soja o tamari
1 ½ cucharadas de tu salsa picante de chipotle favorita
1-2 dientes de ajo, laminados
1 ½ cucharaditas de chile en polvo
1 cucharadita de pimentón ahumado
¼ cucharadita de comino molido
¼ cucharadita de ajo en polvo
una pizca de sal
1 cucharada de aceite de oliva
½ cebolla, picada
6 tortillas de maíz
1 aguacate, en rodajas
ensalada exprés de col y cilantro (p. 168)
salsa mexicana a la brasa (p. 124)

1 Métele caña al horno (200°) y pilla una bandeja honda.

2 Corta la coliflor en arbolitos no mayores de una moneda. Calienta a fuego medio en un cazo la cerveza, el caldo, el zumo de lima, la salsa tamari, la picante y el ajo. Agrega la coliflor y deja que se haga 1 minuto y medio. Cuela la coliflor.

3 Echa las especias, la sal y el aceite de oliva en un cuenco grande. Agrega la coliflor y la cebolla y remueve hasta que se impregnen como perras. Pasa a la bandeja y hornea hasta que se doren, removiendo a mitad del tiempo (unos 20 minutos).

4 Para preparar los tacos, calienta las tortillas en el horno o el microondas y ponles luego encima una buena montaña del relleno de coliflor, rodajas de aguacate, un poco de la ensalada de col y salsa por un tubo.

* *Cualquiera que luego te mole beberte, pero que no sea negra.*

** *Para la movida casera vete a la página 86, pero utiliza el que tengas.*

SOBRES·DE·MAÍZ

UNA TORTILLA DE MAÍZ
PLEGADA Y SELLADA
PARA MANDAR UN
SABROSA CARTA
A TU PALADAR.
ESTOS TACOS
DE COLIFLOR
ASADA SON
UN CORREO
MUY ESPECIAL...
Y CERTIFICADO...

ENSALADA EXPRÉS DE COL Y CILANTRO

Esta receta está de lujo con cualquier taco y en cualquier momento. Apréndetela de memoria porque así no volverás a comer tacos desolados.

- ½ col (230 g aprox.)
- 1 zanahoria pequeña
- 2 cucharadas de zumo de lima
- 2 cucharadas de vinagre de arroz
- 1 cucharadita de aceite de oliva
- ⅛ cucharadita de sal
- ⅓ taza de cilantro picado

Corta la col en una juliana lo más fina posible, asegurándote de que las tiras no sean más largas de 5 cm. Ésta es una oportunidad de puta madre para practicar con el cuchillo si estás esperando una revelación en el arte del picado. Trocea la zanahoria en bastoncitos de la misma longitud. ¿A que lo tienes ya controlado? Mezcla en un vaso pequeño el zumo de lima, el vinagre, el aceite y la sal. Agrega la salsa justo antes de comer y dale un buen meneíto. Rocía con el cilantro y sirve.

TALLARINES CON TEMPE, CACAHUETES Y COL CRESPA ESCALDADA

Estos tallarines son unas sobras muy campeonas. La primera noche tómatelos solos. Al día siguiente a mediodía, échales un poco de zanahoria y pepino en bastoncitos y cómetelos fríos, en plan ensalada. Es como un lavado de gato culinario, pero nadie se dará cuenta en la puta vida.

4 PERSONAS

1 Antes de nada, prepara la salsa de cacahuetes. Bate en un vaso pequeño la crema y el agua hasta que liguen bien. Agrega los demás ingredientes y sigue removiendo para mezclarlo todo bien. Más fácil imposible.

2 Haz la pasta según las indicaciones del paquete, pero usa una olla bien grande. En los últimos 30 segundos de cocción, añade la col crespa y remueve para que se cubra bien de agua. Pasados 30 segundos, escurre la pasta y la col y enjuaga todo con agua fría para detener la cocción y que la col conserve el verdor. Es lo que llamamos «escaldado perezoso». Algunos te dirán que lo hagas en ollas separadas, pero ésos suelen ser los cabrones que no lavan un cacharro ni para atrás, así que a tomar por culo.

3 Pilla un wok grande o una sartén honda y calienta el aceite. Desmenuza el tempe en trozos tamaño bocado y sofríe hasta que empiece a dorarse (2-3 minutos). Agrega la salsa de soja, el vinagre, el jengibre y el ajo y rehoga unos 30 segundos más. Apaga el fuego y añade la pasta y tres cuartos de la salsa de cacahuete. Mezcla todo bien para asegurarte de que se impregna como debe y de que el tempe se cuela entre los tallarines. Prueba y, si ves que le falta salsa, añade la restante. Si no, resérvala porque la pasta absorbe bastante salsa cuando se asienta, así que está guapo tener de más para las sobras. Adorna con las cebolletas y sirve en caliente o a temperatura ambiente.

* *No vayas a comprar crema de cacahuete con ingredientes intrusos: sólo aceite y sal aparte de los cacahuetes. Todo lo demás es una puta mierda.*

** *Opcional, pero deberías aguantarte y echártela.*

*** *O espaguetis normales o fideos, lo que te salga de ahí.*

SALSA DE CACAHUETE

- ½ taza de crema de cacahuete*
- ½ taza de agua caliente
- ¼ taza de vinagre de arroz
- 2 cucharaditas de aceite de sésamo tostado
- 2 cucharaditas de zumo de lima
- 2 cucharaditas de salsa de soja
- 1 cucharadita de jarabe de arce
- 1 cucharadita de pasta de chile y ajo o de salsa picante estilo asiático (opcional)**

PASTA Y VERDURAS

- 350 g de tallarines de arroz***
- 6 tazas de col crespa, cortada en trozos tamaño bocado
- 1 cucharadita de aceite de coco refinado
- 225 g de tempe
- 1 cucharadita de salsa de soja
- 1 cucharada de vinagre de arroz
- 2 cucharadas de jengibre fresco picado
- 3 dientes de ajo picados
- ½ taza de cebolletas en juliana

HAMBURGUESAS DE JUDÍAS BLANCAS Y LENTEJAS ROJAS

No estás frente a unas falsas hamburguesas de carne insípidas como las que se ven en los bares. He aquí unas hamburguesas vegetales con tanta pegada que correrás a hacer otra tanda en un santiamén. Van de puta madre con una guarnición de tubérculos fritos (siguiente receta) o una ensalada de patatas asadas (p. 45).

8 HAMBURGUESAS GRANDES

- **1⁄3 taza de lentejas rojas**
- **2⁄3 taza de agua**
- **3 tazas de judías blancas cocidas**
- **½ cebolla morada picada**
- **3 dientes de ajo picados**
- **1 jalapeño picado**
- **½ taza de pan rallado en casa**
- **1 ½ cucharaditas de pimentón ahumado**
- **1 ½ cucharaditas de tu mezcla sazonadora favorita (sin sal)**
- **1 cucharadita de comino molido**
- **1 cucharada de aceite de oliva**
- **½ cucharadita de sal**
- **la ralladura de ½ lima**
- **aerosol**
- **hamburguesidades: panecillos, lechuga, tomate, cebolla, etc.**

1 Pon las lentejas y el agua en un cazo mediano y lleva a ebullición. Reduce el fuego y deja hacerse hasta que las lentejas queden blandas y esponjosas y se haya evaporado casi toda el agua (unos 10 minutos). Escurre el agua sobrante y deja enfriar mientras preparas todo lo demás.

2 Aplasta las judías blancas en un cuenco grande y ve agregando las lentejas y los demás ingredientes (menos el aceite pulverizado y las hamburguesidades). Si la mezcla se queda muy húmeda para moldearla, agrega un poco de pan rallado. Dales forma a las hamburguesas y ponlas sobre una bandeja untada con aceite. Refrigéralas, cubiertas, un mínimo de 30 minutos y un máximo de 4 horas

3 Cuando se hayan enfriado métele caña al horno (200°). Rocía las hamburguesas con el aerosol y hornea unos 30 minutos, pero voltéalas a los 15. Lo suyo es que estén doraditas por ambos lados. Sírvelas con lo que más te mole y ya puedes meterles mano.

TUBÉRCULOS FRITOS

Pon el horno a 215° y cubre una bandeja honda con papel de hornear o de aluminio. Mezcla la harina, las especias y la sal en un cuenco pequeño. Vierte el zumo de limón, la salsa de soja y el aceite de oliva en un cuenco grande y agrega los tubérculos. Rocía las verduras con la mezcla de las especias y menéalas hasta que queden bien impregnadas. Reparte los tubérculos por la bandeja y hornea hasta que las «patatas» estén doradas y algo crujientes (unos 30 minutos). Remuévelas a mitad de asado. Sírvelas calientes con tu mojo favorito.

** Tamaño patata frita, por si hay alguien más espeso de la cuenta. Puedes usar patatas, zanahorias, nabos, chirivías o la mezcla que te salga de ahí.*

5 cucharadas de harina de arroz integral o blanca

½ cucharadita de ajo en polvo

½ cucharadita de chile en polvo

⅛ cucharadita de sal

1 cucharada de zumo de limón

1 cucharadita de salsa de soja o tamari

2 cucharada de aceite de oliva

1 kg de los tubérculos que veas, pelados y cortados en bastoncitos no más largos que un dedo*

HAZ NUEVOS AMIGOS:
PON UN TUBÉRCULO EN TU VIDA.

BURRITOS DE JUDÍAS BARBACOA CON PICADILLO DE MELOCOTÓN

Este burrito es una versión de uno que te podías hincar antes en el famoso restaurante Pure Luck de Los Ángeles. A algunos les partió el corazón que esos cabrones cerraran, pero de ese dolor nació este plato del carajo. Descanse en paz el Pure Luck.

6 BURRITOS GRANDOTES

JUDÍAS A LA BARBACOA

½ cebolla amarilla o blanca troceada

3 cucharadas de tomate concentrado

3-4 dientes de ajo picados

4 chiles chipotles en salsa marinada,* más 1 cucharada de la salsa

¼ taza de caldo de verduras o agua

2 cucharadas de zumo de naranja

2 cucharadas de azúcar moreno ligero

1 cucharada de melaza

1 cucharadita de salsa de soja o tamari

3 tazas de judías pintas cocidas**

BURRADAS

6 tortillas de trigo tamaño burrito

arroz rojo al horno (p. 81)

lechuga partida

picadillo de melocotón a la plancha (p. 123)

aguacate en rodajas

1 Haz primero las judías a la barbacoa: echa la cebolla, el tomate concentrado, el ajo, los chipotles, la salsa marinada, el caldo, el zumo, el azúcar moreno, la melaza y la soja en un robot de cocina o una picadora, y que rule hasta que quede una salsa cremosa. Pasa a un cazo mediano a fuego medio-bajo, incorpora las judías y haz a fuego lento hasta que se caliente y las judías absorban todo el sabor (5-10 minutos).

2 Para hacer los burritos: pilla una tortilla y echa encima unas cucharadas de judías, un poco de arroz y un puñado de lechuga. Remata con el picadillo de melocotón y un poco de aguacate. Sirve al instante porque los burritos no esperan a nadie.

* *Estos chiles ahumados suelen venir con mogollón de salsa y se venden en latas pequeñas.*

** *Dos botes de 400 g si no los vas a cocer tú porque eres un holgazán.*

PICA

MOGOLLÓN.

CÓMO MONTAR UN CUENCO

Una de las maneras más fáciles de preparar una comida contundente de la hostia y de hacer tus combinaciones favoritas de sabores es montar un bol. Sólo tienes que apilar un puñado de cosas en un cuenco y hundir el tenedor. También está de puta madre para apurar cualquier sobra sin tener la sensación de llevar comiendo la misma mierda toda la semana. Los cuencos son la solución definitiva y te vamos a enseñar a prepararlos.

1. Empieza con algún cereal o algo de hidratos, de modo que ocupe un tercio del bol. Puede ser arroz, fideos, cuscús, quinoa, patatas... Vamos, cualquier sustancia que sirva de base.
2. Lo siguiente que necesitas son unas verduras para ocupar al menos otro tercio o una mitad del bol. Puede ser cualquier cosa simple, tipo unas judías verdes salteadas y unas zanahorias ralladas, o puedes tirarte el rollo y hacer un puñado de verduras de temporada a la plancha como en el cuenco de primavera (p. 177). Eso sí, lo suyo es que haya una buena cantidad y un poco de variedad. Ante la duda, pilla un poco de col crespa y sigue con tu vida.
3. Ahora necesitas un poco de proteína para rellenar el resto del cuenco. Pueden ser unas legumbres cocidas, tofu asado, tempe, la mierda que más te mole o lo que tengas en el frigo. Eso sí, asegúrate de que las combinaciones de sabor tengan algún puto sentido: mezclar quinoa a la menta con unas judías asadas con manzana (p. 67) como proteína sería un poco bestia. Así que déjate de mierdas. Confía en tu instinto y te quedará un cuenco de lujo.
4. Por último, mucha gente le echa una salsa o un aliño por encima —como en el desayuno de arroz integral (p. 11)— para ligarlo todo. Eso está de puta madre si estás utilizando ingredientes sencillos que necesiten un empujoncito de sabor. Pero si la proteína que has puesto ya tiene su propio jugo, sáltate este paso.

¿Sigues sin saber por dónde empezar? Aquí tienes combinaciones con recetas del libro para que vayas metiéndote en faena:

H Quinoa a la menta y al limón (p. 44); **V** lechuga picada, zanahorias y pepinos; y la **P** rellena de garbanzos con los rollitos de garbanzos especiados con salsa de tahini (p. 32)

H Ollón básico de arroz integral (p. xxiv) o ensalada de patatas asadas a las hierbas (p. 45); **V** verduras escaldadas (p. 80) y el tempe salado de los **P** sándwiches sabrosones de tempe y zanahoria (p. 55) con la salsa tahini de los rollitos de garbanzos especiados (p. 32)

H Quinoa hervida (p. xxiii); **V** lechuga picada, zanahorias y pepinos; coliflor asada a la sriracha con salsa de cacahuetes para mojar (p. 128); y **P** tofu frito (p. 154)

H Arroz rojo al horno (p. 81); **V** col crespa picada; picadillo de melocotones plancha (p. 123); y las judías pintas de los **P** burritos con judías barbacoa (p. 172)

H Fideos de arroz hervidos (ver ensalada vietnamita de fideos de arroz, p. 50); **V** verduras de hoja picadas, zanahorias y encurtido rápido de pepinos y cebollas (p. 120); y **P** tofu asado citridulce (p. 77) y mojo dulce de hierbas frescas (p. 124)

H Ollón básico de arroz integral (p. xxiv); **V** col estofada con patatas (p. 48); y **P** judías asadas con manzana (p. 67)

H = hidratos de carbono

V = verduras

P = proteínas

CUENCO DE PRIMAVERA CON SALSA DE CURRY ROJO Y LIMA

Con salsita y un punto ahumado, este pedazo de cabrón a capas está rico en caliente o en frío. Que no pase la primavera y nos enteremos de que no has hecho este magnífico cuenco.

4-6 CUENCOS QUE TE DEJARÁN MÁS LLENO QUE EL COPÓN

- 225 g de fideos de arroz finos
- salsa de lima y curry rojo (p. 178)
- 4 cogollos de col china cortados a lo largo por la mitad
- 2 cucharadas de aceite y un poco más para la plancha
- 450 g de espárragos limpios
- ½ lima
- sal
- tofu asado con sésamo y jengibre o citridulce (p. 77) cortado en tiras
- ½ taza de cebolletas en juliana

1 Cuece los fideos según las indicaciones del paquete. Cuando estén cocidos pásalos al colador, aclara con agua fría y reserva. Luego les daremos lo suyo a esos cabrones.

2 Lo siguiente: prepara la salsa de lima y curry rojo.

3 Con una brocha de cocina, unta 1 cucharada de aceite en los cogollos de col y otra en los espárragos. Calienta a continuación la plancha eléctrica o la parrilla a fuego medio y úntala con una fina capa de aceite. Pon los espárragos en la parrilla y ásalos hasta que tengan marcas por todas partes y el tallo ceda ligeramente al cogerlo con las pinzas (5-8 minutos). Voltéalos con regularidad. Agrega los cogollos y cocina cada lado 3-4 minutos para que también tengan sus marquitas. Cuando estén listas las verduras, échales el zumo de lima y una pizca de sal. Cuando la col esté fría, vuelve a cortar cada pedazo de arriba abajo para que sea más fácil comerlo. Corta el espárrago en trocitos de 2,5 cm por la misma puta razón.

4 Y ahora a montar los cuencos. Empieza poniendo un puñado de fideos (1 taza aprox.) en el fondo del cuenco. Después apila las verduras a la plancha y las tiras de tofu. Vierte por encima la salsa, remata con las cebolletas y sirve enseguida. ¡Hay que decirlo todo!

SALSA DE LIMA Y CURRY ROJO

Viene de puta madre tener esta salsa en el frigo para cuando las sobras saben ya un poco *chof*.

- 1 taza de caldo de verduras
- 2 cucharadas de pasta de curry rojo*
- ½ cucharadita de ralladura de lima
- 2 cucharadas de zumo de lima
- 2 cucharadas de jengibre fresco picado
- 1 cucharada de crema de cacahuete
- 1 cucharada de azúcar moreno, jarabe de arce o agave
- 2 cucharaditas de salsa de soja o tamari
- 1 diente de ajo picado
- 1 cucharada de maicena o arrurruz en polvo**

1 Mide 1 cucharada de caldo de verduras y reserva en un vaso pequeño.

2 Pon el resto del caldo en un cazo pequeño y lleva a ebullición a fuego bajo. Agrega la pasta de curry, la ralladura y el zumo de la lima, el jengibre, la crema de cacahuete, el azúcar, la salsa de soja y el ajo. Mezcla bien y asegúrate de que no quede ningún pegote de curry ni de crema.

3 Liga la maicena con el caldo que reservaste en el vaso hasta que se disuelvan los grumos. Esto espesará tu salsa aguada: espera y verás. Agrega a la salsa a fuego lento y bate hasta que empiece a espesarse (como 1 minuto). Apaga el fuego, prueba y añade más ajo, zumo de lima o lo que te plazca. Deja enfriar unos minutos antes de servir.

* *En la página 158 se habla más del tema.*

** *Ambos polvos espesarán la salsa sin piedad.*

RECHAZA EL
CHANTAJE SENTIMENTAL.

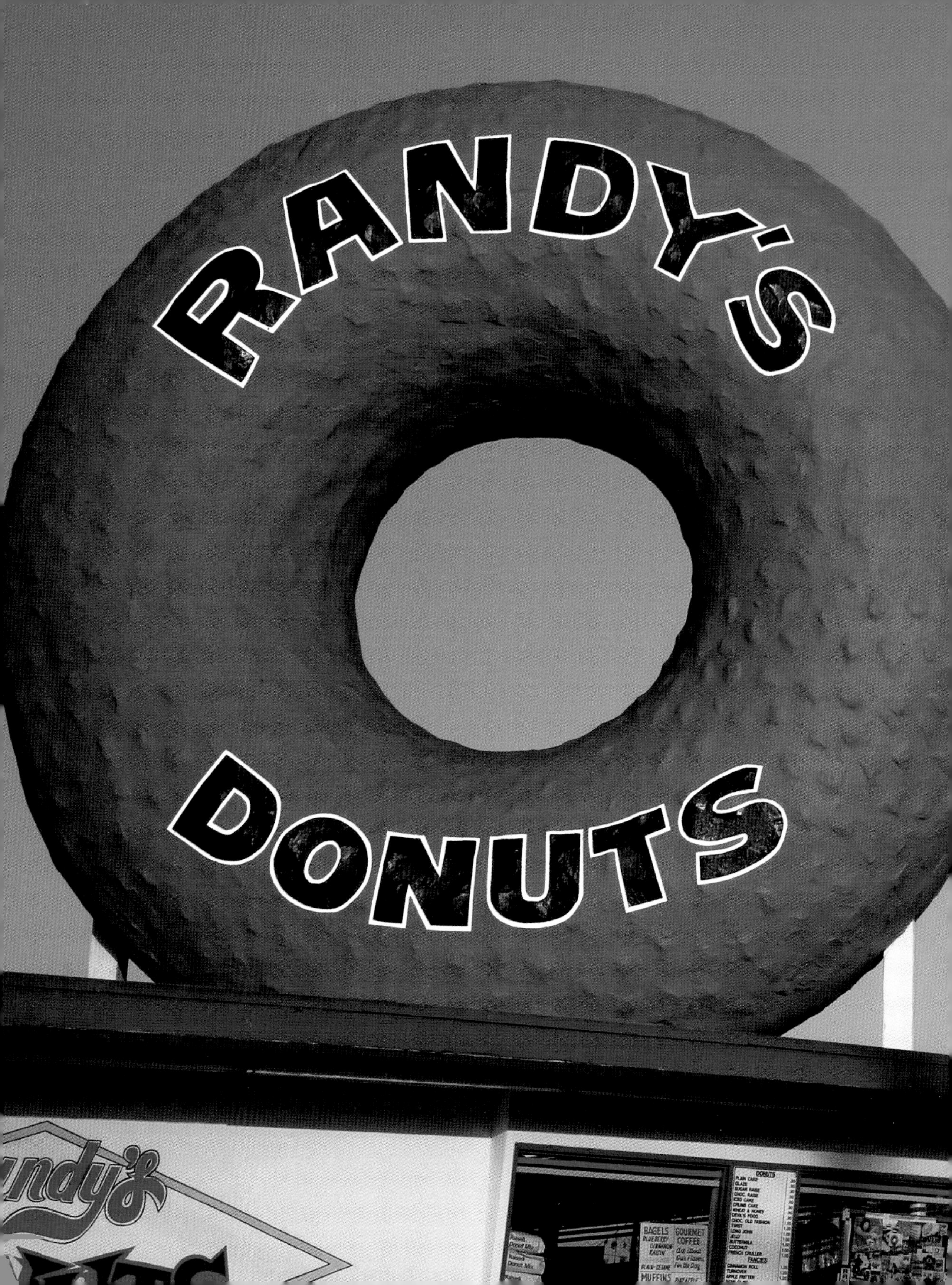
RANDY'S
DONUTS
BAGELS
GOURMET COFFEE
MUFFINS

a nadie le amarga

REPOSTERÍA Y POSTRES PARA CAGARSE

POLOS DE CHOCOLATE Y TOFU

Llena tu congelador con estos polos y los tendrás a mano todo el verano.

3 1/3 TAZAS DE CREMA (DE LAS QUE SALEN 12 POLOS CON UN MOLDE NORMAL) PERO DEPENDE DEL MOLDE

- 1 taza de leche de almendra con vainilla o tu leche vegetal favorita
- 1 ¼ tazas de chocolate semidulce troceado
- 350 g de tofu firme sedoso*
- 12 palos de polos
- moldes de polo o 12 tacitas de papel

1 Calienta la leche en la hornilla o el microondas para que esté caliente, pero sin que te queme el puto paladar. Lo siguiente es fundir el chocolate. Puedes derretirlo calentándolo lentamente en el microondas (a intervalos de 25 segundos) y meneándolo hasta que se funda... O lo haces al baño maría, en plan puto amo. Para ello pilla un cazo mediano y vierte 2,5-5 cm de agua. Coloca encima un cuenco metálico que cubra toda la boca del cazo, pero asegúrate de que el agua no alcanza el fondo del cuenco. Pon a fuego medio-bajo y echa los trozos de chocolate en el cuenco. El vapor calentará el recipiente y derretirá el chocolate; remueve bien y pon un poco de fe en este método, no seas desconfiado. Apaga el fuego cuando el chocolate se haya convertido en una crema. Esta operación no dura más de 3 minutos.

2 Mezcla la crema con la leche y el tofu en el vaso de la batidora. Asegúrate de que liga bien y no quedan trozos de chocolate escondidos. Pasa a los moldes y ponlos en el congelador unos 40 minutos. Pasado ese tiempo, saca los semipolos y mete en ellos los palitos. Congelando un poco la crema evitas perforarla hasta el fondo y acabar con una estúpida brocheta. Congela hasta que se endurezcan los polos. Aguantan por lo menos un mes en el congelador.

* *Lo suyo es el que viene con el envoltorio aséptico, de los que venden al lado de la soja, no de los que tienen agua y están en los refrigerados.*

QUE NO SE TE
JODA UN
BUEN POLO.
COMÉTELO
ECHANDO
LECHES.

CLEMENTINAS BAÑADAS EN CHOCOLATE

Presume de ellas en Navidad y la gente se olvidará de los putos regalos.

UNOS 30 GAJOS

- 5 o 6 mandarinas, clementinas o naranjas pequeñas de cualquier tipo
- ½ taza de chocolate semidulce troceado
- 1 cucharadita de aceite de coco
- ½ cucharadita de sal marina

1 Pela la fruta y pártela en gajos. Intenta quitar toda la piel blanca porque amarga mucho. Coloca los gajos sobre una bandeja cubierta de papel parafinado en el orden que te parezca.

2 Derrite el chocolate al baño maría o en el microondas (mira las instrucciones de la p. 182). Agrega el aceite de coco a la crema y menea hasta que ligue todo. Apaga el fuego.

3 Mete medio gajo en la mezcla de chocolate fundido y deja sobre la bandeja. Repite con los demás gajos. Espolvorea las partes chocolateadas con un poco de sal marina para deslumbrar al personal.

4 Deja reposar la bandeja en una zona fresca para que el chocolate se endurezca antes de servir (15-45 minutos dependiendo de la temperatura ambiente). Si tienes prisa, mete el coso en el frigo.

TE VAS A ENTERAR

AZÚCAR HASTA EN LA PUTA SOPA

Que sí, colega, tenemos una puta sección de postres en el libro. Cuando a la gente le da por llevar una dieta más sana, la mayoría corta en plan radical con los postres, pero esa mierda es insostenible y al final la peña acaba comiendo cualquier golosina asquerosa al volver de una juerga y se queda sin papilas gustativas. Ése no es el camino, déjate de historias. Todavía puedes tomar azúcar y postre, lo único es no comer eso todos los putos días. Además, como si el azúcar sólo acechara en los postres: el muy cabrón se mete hasta en la puta sopa.

El USDA estima que desde la década de 1950 nuestro consumo de edulcorantes ha aumentado un 40% per cápita. FLIPA. Pero eso no quiere decir que todo el mundo se apuntara al Club del Bollo, sino que empezamos a echar azúcar a mogollón de comidas que no lo necesitan. Cuando compras cereales para el desayuno, aliños, salsas preparadas, comidas en conserva o congeladas y panes industriales, el azúcar te llega hasta las cejas. Es otra razón para empezar a cocinar por tu cuenta porque no te puedes fiar de los estantes del supermercado. Si eres capaz de controlar la cantidad de azúcar que lleva tu dieta, no tienes que sentirte mal por comerte unas galletitas o un pastel de vez en cuando. Y no nos hagas hablar de los refrescos porque... Esas latas caras y llenas de porquería alta en fructosa son una puta pérdida de tiempo. Bebe agua. Haz tu propia comida. Permítete tomar postre de vez en cuando. Te sorprendería lo mucho que puede cambiarte la vida tomar el puto control de los ingredientes de todo lo que comes.

CASTAÑAS CRUJIENTES DE MIJO Y CREMA DE CACAHUETE

¿Que qué son castañas crujientes? Estas castañas son unos bombones del Medio Oeste que se supone que se parecen a las castañas del falso castaño de Ohio. Para ser más gráficos, es básicamente un puñado de crema de cacahuete en forma de pelota. Deja de perder el tiempo entendiéndolo y hazlas, vida mía.

UNAS 24 CASTAÑAS

½ cucharadita de aceite*

⅓ taza de mijo sin cocer**

⅔ taza de crema de cacahuete suave***

¼ taza de azúcar glas****

2 cucharadas de harina

1 ½ cucharaditas de extracto de vainilla

1 taza de chocolate semidulce troceado

1 cucharadita de aceite de coco (si hace falta)

* *De oliva, de girasol, de coco... aquí vale casi cualquier cosa.*

** *¿Eh? Vete a la página xxiii, anda.*

*** *Si sabes lo que te conviene, no compres ninguna que tenga más de tres ingredientes.*

**** *Que sí, que es un postre: relájate.*

1 Calienta el aceite en una sartén honda a fuego medio y echa el mijo. Menea en la sartén hasta que empiece a oler a tostado y parezca un poco dorado (3-5 minutos). Reserva.

2 Cubre una bandeja con papel de hornear. Mezcla en un cuenco mediano la crema de cacahuete, el azúcar glas, la harina y la vainilla hasta formar una masa espesa. Incorpora el mijo y mezcla hasta que ligue todo de puta madre. Haz bolitas tamaño castaña con la masa y ponlas sobre la bandeja. Tendrían que salirte unas 24 Puedes lamerte los dedos, no te vamos a reñir. Mete en el congelador un mínimo de 30 minutos y un máximo de 2 horas.

3 Justo antes de sacar las bolitas tienes que derretir el chocolate (en la p. 182 hallarás los procedimientos). Apaga el fuego cuando el chocolate esté bien líquido. La operación no lleva más de 3 minutos o así.

4 Introduce con cuidado una bola en el chocolate con la ayuda de un tenedor y, con una cuchara, ve echándole chocolate por encima para cubrir todos los lados. Según la tradición, hay que dejar el hueco de crema de cacahuete abierto por arriba, pero si ves más fácil meterlas a saco en el chocolate, tampoco te mates. Si te cuesta bañarlas, agrega el aceite de coco mientras el chocolate siga caliente y verás cómo se suelta el cabrón. Escurre el exceso de chocolate, pon la castaña en la bandeja con el ojo hacia abajo y repite la operación con las demás bolas. Mete la bandeja en el congelador al menos 3 horas. Conserva todo en un recipiente al vacío y te aguantará 2 semanas en la nevera. Pero ya te avisamos de que no van a durar tanto.

¡MIRA QUÉ MONAS
LAS HIJAS
DE SU MADRE!

PUDIN DE TAPIOCA CON MELOCOTÓN Y ALMENDRAS

El pudin de tapioca puede sonarte a postre de abuela, pero fíate: ellas no van a malgastar sus años dorados en una cochinada de cuarta categoría. Este pudin es cremoso y tiene el dulzor perfecto. Y ahora llama a Encarna y le cuentas el chisme que te contó antes Gertrudis.

4 PERSONAS NORMALES

- ½ taza de bolitas de tapioca pequeñas*
- 2 tazas de agua
- 3 tazas de zumo de melocotón**
- 1 taza de leche de almendra sin azúcar añadido
- ½ cucharadita de extracto de vainilla
- 1 cucharada de jarabe de agave (opcional)
- 2 cucharadas de zumo de limón
- arándanos
- una pizca de sal

1 Pon las bolitas de tapioca en un cuenco con el agua y deja en remojo por la noche. También puedes hacerlo por la mañana, la cosa es que estén un mínimo de 6 horas. Pero no las dejes más de 16 horas; pasado ese tiempo se ponen muy raras.

2 Cuando estés lista para hacerlas, escurre las bolitas. Pasa a un cazo mediano con el zumo de melocotón, la leche de almendra, la sal y la vainilla. Si el zumo no es muy dulce, no te cortes y agrega el agave. Sólo tienes que probarlo para ver, alma de cántaro. Calienta el cazo a fuego lento sin dejar de remover. Lo suyo es que no burbujee ni nada de eso, así que presta atención y ni se te ocurra dejar de remover. ¿Entendido? A los 8-10 minutos debería espesarse y las bolitas tendrían que transparentarse ligeramente. Sigue removiendo hasta que tenga la misma consistencia que una sopa o una salsa espesa (1 minuto más aproximadamente). Apaga el fuego y añade el zumo de limón. Pasa el pudin a un cuenco mediano y mételo en el frigo.

3 Debe reposar entre tres y cuatro horas, de lo contrario comerías pudin caliente, algo que sabe como el culo. Si se espesa demasiado en el frigo, remuévelo bien y añade una cucharada de zumo de melocotón. Adorna la tapioca con arándanos y sirve.

* *Estas bolitas suelen venderse en bolsas en los supermercados asiáticos o pueden comprarse por Internet. Sueltan el almidón que ayuda a que se espese el pudin, así que no hagas gilipolleces y no vayas a pasar de ellas.*

** *Puedes utilizar el zumo que te salga de ahí, pero que no sea muy ácido, tipo de naranja. Con el de manzana y melocotón también queda bastante rico.*

SHORTCAKES CON FRESAS

Este postre es un clásico yanqui porque ESTÁ QUE TE CAGAS. Las mierdas esas esponjosas que venden por ahí son una triste imitación.

8 PERSONAS

RELLENO DE FRESAS

450 g de fresas
2-4 cucharadas de azúcar

SHORTCAKES

1 ¼ tazas de harina de repostería de trigo integral
1 taza de harina blanca
1 cucharada de levadura en polvo
2 cucharadas de azúcar
½ cucharadita de sal
1 taza de leche de coco en lata
½ cucharadita de extracto de vainilla
nata montada (p. 192)*

1 Prepara el relleno: pica las fresas en trocitos tamaño botón y echa en un bol. Si tus fresas están supermaduras y supersabrosas, añade sólo 2 cucharadas de azúcar. La otra posibilidad es echar 4 cucharadas y cagarte en la mierda de frutería a la que vas. Remueve todo bien y déjalo a su bola mientras haces las demás cosas.

2 Métele caña al horno (215°) y cubre una bandeja con papel de hornear.

3 Para los bollitos: tamiza juntas las harinas, la levadura en polvo, el azúcar y la sal. Forma un cráter en el centro y añade la leche de coco y la vainilla. Mezcla bien hasta que quede una masa rugosa. Si necesitas más líquido, añade una o dos cucharadas más de leche de coco para arreglar el desbarajuste.

4 Pasa la masa a la encimera previamente enharinada. Haz rectángulos de unos 20×12,5 cm y unos 4 cm de grosor. No te pases amasando que se te puede endurecer la masa. Con la ayuda de un molde o con la parte abierta de un vaso, recorta todos los bollitos o *shortcakes* que puedas. Intenta que sean 8. Pasa a la bandeja y hornea hasta que estén dorados por abajo (12-15 minutos). Deja enfriar un minuto antes de meterles mano.

5 Para montar los *shortcakes*, córtalos en dos. Pon el relleno de fresas en la parte de abajo, con una cucharada de nata montada por encima, y coloca la tapa de arriba en su sitio. Pon otra capa de fresas y nata montada y sirve al momento.

* *Multiplica por dos la receta de nata montada si vas a servirlos todos de golpe.*

NO ESCATIMES EL POSTRE.
EL HORNO SIEMPRE
ESTÁ PARA BOLLOS.

NATA MONTADA

1½ TAZA APROXIMADAMENTE

1 lata (400 g) de leche de coco bien fría*

2 cucharadas de azúcar glas

½ cucharadita de extracto de vainilla (opcional)

Mete la lata en el frigo el día antes para asegurarte de que está bien fría. No te hablamos de enfriar media hora y ya. Lo suyo es que se enfríe a tope para que la grasa se separe del agua de coco que contiene. ¡A la mierda! Mete un puñado de latas en la nevera para tener siempre a mano.

1 Consigue una batidora de varillas eléctricas o unas varillas normales para montar la movida. Mete el cuenco y las varillas 15 minutos en el congelador para que se enfríen como su puta madre.

2 Saca todo a los 15 minutos y pilla la leche de coco del frigorífico, pero sin agitarla. Abre la lata, extrae toda la parte cremosa de arriba y coloca en el cuenco enfriado. Deja el líquido clarucho en la lata y reserva para un batido o cualquier otra cosa. No te va a hacer falta. Tamiza el azúcar glas por encima del cuenco para que no queden grumos y añade la vainilla.

3 Y ahora bate como si no hubiera un mañana a velocidad media-alta, hasta que empiece a verse esponjosa y montada, 1-2 minutos. Sirve enseguida. Sabe bien durante un par de días, pero va perdiendo volumen.

ESPABILA Y CHUPA
LA VARILLA
EL PRIMERO.

PAN DE PLÁTANO CON AVENA Y ARCE

Al pan, pan y al plátano, plátano: he aquí un buen puñado de fibra con el punto justo de dulce. Querrás repetir todo el rato.

1 HOGAZA

- 2 tazas de harina de avena*
- 1 taza de harina de repostería de trigo integral
- 1 ¾ cucharaditas de levadura en polvo
- ¾ cucharadita de canela molida
- ½ cucharadita de sal
- ¼ taza de leche de almendra o cualquiera vegetal
- ¼ cucharadita de vinagre de manzana
- 2 tazas de plátano triturado**
- ⅓ taza de jarabe de arce
- 3 cucharadas de aceite de oliva
- 1 cucharadita de extracto de vainilla
- 1 cucharada de azúcar

1 Precalienta el horno a 175°. Unta con aceite y enharina un molde de pan para que no se te pegue. Es fundamental, así que NO NOS JODAS y no te saltes este paso.

2 Pilla un cuenco mediano y mezcla las harinas, la levadura en polvo, la canela y la sal. Reserva.

3 Liga la leche y el vinagre en un vaso pequeño. Pilla luego un cuenco grande y mezcla el plátano triturado con el jarabe de arce, el aceite de oliva y la vainilla. A continuación agrega la mezcla del vaso y vuelve a menearlo todo a muerte. Incorpora los ingredientes secos a los líquidos y mezcla hasta que no queden puntos secos en la masa.

4 Vierte la masa en el molde que YA TIENES LISTO (¿VERDAD?) y espolvorea el azúcar por encima. Es sólo para adornar porque este pan es un presumido del copón. Hornea hasta que esté dorado por encima y puedas pasar un mondadientes hasta el centro y sacarlo limpio (30-40 minutos). Cuando esté hecho, saca del molde y deja enfriar un poco antes de hincarle el diente.

* *Puede sonar a pijada, pero sólo tienes que comprar avena en hojuelas, echarla en el vaso de la batidora o el robot de cocina y meterle caña hasta que parezca harina. Listo.*

** *No dejes trozacos grandes o se te quedarán extraños grumos pochos y crudos en medio del pan. Con 4 plátanos tendría que salirte esta cantidad.*

GALLETAS DE TARTA DE ZANAHORIA

Son unas galletas jugosas y esponjosas, como su propio nombre indica. Van muy bien cuando estás con el antojo pero no quieres comerte una tarta entera.

UNAS 20 GALLETAS

- 1 ½ tazas de harina (harina de repostería de trigo integral o blanca)
- ½ taza de azúcar moreno ligero y prensado
- 1 cucharadita de levadura en polvo
- ½ cucharadita de sal
- ½ cucharadita de canela molida
- ½ cucharadita de jengibre molido
- 1 taza de zanahoria rallada*
- ½ taza de leche de almendra o de cualquiera otro vegetal
- ¼ taza de aceite
- ½ taza de nueces partidas
- ½ taza de pasas o de jengibre confitado y picado**

1 Precalienta el horno a 180° y cubre una bandeja con papel de hornear.

2 Mezcla en un cuenco grande la harina, el azúcar moreno, la levadura, la sal, la canela y el jengibre molido. Asegúrate de que no queden pegotes de azúcar por ahí. Mezcla en un cuenco más pequeño la zanahoria rallada con la leche y el aceite. Incorpora los ingredientes líquidos a los sólidos y remueve toda la movida hasta que haya pocos puntos secos. Agrega las nueces y las pasas y remueve hasta que no quede nada sin impregnar.

3 Echa cucharadas de la masa sobre la bandeja dejando 2,5 cm entre cada una. Hornea hasta que estén bien doradas por abajo (18-22 minutos). Haz luego lo que suelas hacer con las galletas. ¿O tenemos que decirlo todo?

* *Unas 2 zanahorias medianas.*

** *Esta movida es opcional. Las galletas están igual de tremendas sin nada.*

GALLETAS DE CHOCOLATE CON CREMA DE LMENDRAS

Como las clásicas *cookies*, pero sin mantequilla por un tubo. Estas joyitas achocolatadas con almendra van muy bien con un buen vaso helado del batido de Earl Grey (en la p. 137 sale una foto de la parejita). Venga, mujer, una pausa para una galletita. Seguro que hoy has hecho algo para merecértela.

UNAS 24 GALLETAS

- **1 ½ tazas de harina de repostería de trigo integral**
- **½ cucharadita de levadura en polvo**
- **½ cucharadita de bicarbonato**
- **½ cucharadita de sal**
- **⅔ taza de crema de almendras fría***
- **⅓ taza de azúcar moreno**
- **⅓ taza de azúcar blanco**
- **2 cucharadas de semillas de lino molidas**
- **¾ taza de leche de almendra**
- **1 ½ cucharaditas de extracto de vainilla**
- **½-⅔ de taza de pepitas de chocolate semidulces****

1 Tamiza en un cuenco mediano la harina, la levadura en polvo, el bicarbonato y la sal.

2 En el cuenco grande de una amasadora o un simple cuenco grandote, mezcla la crema de almendras y los azúcares hasta que quede una masa cremosa y esponjosa. Añade lentamente las semillas de lino molidas, la leche de almendra y la vainilla hasta formar una masa sueltecita.

3 Cuando esté todo bien mezclado, agrega las harinas tamizadas poco a poco en el bol. Remueve hasta que no queden puntos secos. Incorpora las pepitas de chocolate, tapa y deja esa masa sabrosona en el frigo un mínimo de 1 hora y un máximo de 2 días.

4 Cuando tengas ganas de galletas, precalienta el horno a 180° y cubre una bandeja con papel de hornear.

5 Pon una cucharada de masa en la bandeja y aplasta un poco para que salgan galletas de unos 5 cm. Sigue la tarea con lo que queda de masa y hornea luego entre 15 y 18 minutos hasta que se vean doraditas por abajo. Saca de la bandeja y deja enfriar sobre una rejilla metálica al menos 10 minutos antes de servir.

* *Es importante que esté fría para que la masa ligue bien, así que métela en el frigo. Puedes emplear crema de cacahuete si es lo único que tienes, pero estas galletas están en otra onda. ¡Entérate!*

** *Depende de cuánto chocolate quieras en las galletas. Tú verás...*

TE GANARÁS
EL *SCONE*
CON EL
SUDOR DE TU
FRENTE.

SCONES DE ARÁNDANOS Y NUECES A LA LAVANDA

Los *scones* son hijos putativos de un bollito y una magdalena. Suena tan mal como bien saben.

UNOS 12 PANECILLOS; MEJOR COMER EN EL DÍA

- 2 ¾ tazas de harina de repostería de trigo integral
- 1 cucharada de levadura en polvo
- 3 cucharadas de azúcar blanco y un poco más para adornar
- 2 cucharadas de azúcar moreno
- ¼ taza de sal
- ¼ taza de aceite de coco refinado
- 2 cucharaditas de lavanda seca*
- 1 ¼ tazas de leche de almendra sin azúcar y un poco más para pintar
- 1 cucharadita de extracto de vainilla
- ¾ taza de arándanos frescos o congelados
- ½ taza de nueces partidas

1 Métele caña al horno (215°) y cubre una bandeja con papel de hornear o de aluminio.

2 Mezcla en un cuenco grande la harina con la levadura, los azúcares y la sal. Ve vertiendo el aceite en la harina y amasando con las manos hasta que se quede como granuloso, pero sin grumos gordos. Incorpora la lavanda campeona.

3 Haz un pozo en el centro de la mezcla de harina y echa la leche de almendra y la vainilla. Mezcla hasta que esté ligado casi del todo, pero para un momento. Incorpora los arándanos y las nueces, con cuidado de no mezclar más de la cuenta.

4 Ve sacando la masa en porciones de ½ taza y ponlas sobre la bandeja. Pinta con la leche de almendra y rocía con el azúcar blanco. Hornea hasta que los *scones* estén doraditos por abajo (12-15 minutos).

* *¿Que no encuentras lavanda seca? No te patees toda la ciudad. Pasa de echarle y añádele ½ cucharadita de extracto de vainilla. Sólo queríamos darte una oportunidad de tirarte el rollo.*

MAGDALENAS DE ZANAHORIA Y MANZANA RALLADAS

Con 2 piezas de verdura y fruta de las recomendadas comprimidas en este desayuno «de mano», estas magdalenas son un puto sinónimo de eficacia.

12 MAGDALENAS NORMALES

- **2 ¼ tazas de harina de trigo integral para repostería**
- **½ taza de azúcar**
- **1 cucharada de levadura en polvo**
- **1 ½ cucharaditas de canela molida**
- **½ cucharadita de sal**
- **1 ¼ tazas de leche de almendra o cualquiera vegetal**
- **1 ½ tazas de zanahoria rallada***
- **⅓ taza de manzana rallada****
- **¼ taza de aceite de oliva**
- **1 cucharada de zumo de limón**
- **1 cucharadita de extracto de vainilla**
- **½ taza de frutos secos picados, como nueces o almendras (más opcional imposible)**

1 Precalienta el horno a 190°, Pilla un molde de magdalenas y unta con aceite o pon unos moldes de papel en los huecos.

2 Bate en un cuenco grande la harina con el azúcar, la levadura en polvo, la canela y la sal. Mezcla en un cuenco más pequeño la leche de almendra, las zanahorias, la manzana, el aceite, el zumo de limón y la vainilla, hasta que esté todo bastante bien ligado. ¿Ves algún pegote grandote de zanahoria? Sigue dándole.

3 Incorpora los ingredientes del cuenco pequeño en el grande y remueve para combinar guay. Si lo bates demasiado, las magdalenas te saldrán duras y tristonas. No la vayas a cagar ahora después de tanto rallar. Agrega las nueces si vas a echarles.

4 Rellena con cucharadas de masa los moldes de magdalena y hornea hasta que puedas pasar un mondadientes hasta el centro de la magdalena y sacarlo limpio (18-20 minutos). Extrae del molde para enfriar un mínimo de 15 minutos antes de comer.

***** *Unas 3 zanahorias medianas.*

****** *Una manzana pequeña.*

MAGDALENAS DE PLÁTANO Y CREMA DE CACAHUETE

Éstas son las reinas del magdalenismo, así que ya puedes ir haciendo reverencias a sus majestades.

12 MAGDALENAS NORMALES

1 Precalienta el horno a 190°, Pilla un molde de magdalenas y úntalo a muerte (puedes usar moldes de papel).

2 Mezcla la harina, la levadura en polvo y la sal en un cuenco grande. Reserva.

3 Mezcla bien en un cuenco más pequeño la crema de cacahuete y el azúcar moreno. Incorpora la leche, el plátano y la vainilla y remueve hasta que ligue todo.

4 Añade el cuenco pequeño al grande y bate bien. Si mezclas demasiado, las magdalenas pueden salirte duras. No desperdicies tanta crema de cacahuete en una cagada de magdalenas. Incorpora las nueces si vas a echarles.

5 Lleva la masa a los moldes de magdalena con una cuchara. Sale un montón de masa, así que rellena esos cabrones hasta arriba para que te salgan magdalenas como catedrales. Hornea hasta que puedas insertar un mondadientes hasta el centro y sacarlo limpio (18-22 minutos). Desmolda y deja enfriar un mínimo de 15 minutos antes de comer.

* *Con 3 plátanos de tamaño normal debería bastar.*

** *Puedes sustituirla por ½ taza de chocolate troceado si quieres borrar toda ilusión de que no son un puto postre.*

- **2 tazas de harina de trigo integral de repostería o de la normal**
- **1 cucharada de levadura en polvo**
- **½ cucharadita de sal**
- **½ taza de crema de cacahuete suave**
- **½ taza de azúcar moreno prensado**
- **¾ taza de leche de almendra o de cualquiera vegetal**
- **1 ½ tazas de plátano maduro triturado***
- **1 cucharadita de extracto de vainilla**
- **½ taza de nueces o cacahuetes triturados****

BIZCOCHO DE MAÍZ Y COCO

Este postre dulce y mantecoso es el matrimonio perfecto entre el pan de maíz y el bizcocho. Tiene tanto puto sentido que duele. No vayas a echarle quinientas cosas y adórnalo sólo con un poco de fruta fresca y nata montada (p. 192).

8 PERSONAS

- 1 ¼ tazas de harina de maíz*
- ¾ taza de harina de repostería de trigo integral o blanca
- ¾ taza de azúcar
- 2 cucharaditas de levadura en polvo
- ½ cucharadita de sal
- 1 ½ tazas de leche de coco en lata
- 1 cucharadita de extracto de vainilla
- ½ cucharadita de ralladura de limón

1 Precalienta el horno a 190°. Pilla un molde de 20 cm de diámetro, acéitalo un poco y espolvorea harina por encima para que no se te pegue la tarta. Si sigues acojonado, corta un trozo redondo de papel de hornear y ponlo en el fondo del molde para garantizar la integridad de tu tarta.

2 Agarra un cuenco grande y mezcla las dos harinas, el azúcar, la levadura en polvo y la sal. Haz un cráter en medio de la mezcla seca e incorpora la leche de coco, la vainilla y la ralladura de limón. Remueve todo bien hasta que no queden huecos secos y muy pocos grumos.

3 Lleva la masa al molde que ya has preparado porque eres muy diligente y has seguido nuestras putas indicaciones. Deja que alguien lama la cuchara y el cuenco porque 1) la masa está que te cagas y 2) así te deberán un favor. Canjea este sabor la próxima vez que tengas que mudarte. De nada, compadre.

4 Hornea la tarta hasta que puedas meter un mondadientes en el centro y salga limpio (30-40 minutos). Déjala enfriar en el molde otros 15 minutos y luego ponla sobre una rejilla metálica para que termine de enfriarse mientras te preparas para zampártela.

5 Sirve en frío o a temperatura ambiente.

** La harina que usas para hacer pan de maíz, no sémola (la harina gruesa que se usa para la polenta). ¿Vale?*

DAME
TARTA Y
LLÁMAME
TONTO.

TARTA DE PLÁTANO CON NATA

A lo mejor no parece la tarta más moderna del mundo, pero es la única que SIEMPRE da en la diana del dulzor.

PARA 8 PERSONAS

MASA CRUJIENTE A PRESIÓN

- 1 ½ tazas de harina*
- 1 cucharada de azúcar
- ½ cucharadita de sal
- ¼ cucharadita de levadura en polvo
- ¼ taza de aceite de coco refinado**
- 2 cucharadas de aceite de oliva
- 2-3 cucharadas de leche de almendra

RELLENO

- ¼ taza de maicena o arrurruz en polvo
- ¼ taza de azúcar
- una pizca de sal
- 1 lata (400 g) de leche de coco
- 1 taza de leche de almendra o de cualquiera vegetal
- 1 ½ cucharaditas de extracto de vainilla
- 3 plátanos grandes maduros
- nata montada (p. 192)

1 Prepara la masa crujiente: precalienta el horno a 190° y pilla un molde de tarta normal.

2 Mezcla en un cuenco mediano la harina, el azúcar, la sal y la levadura en polvo. Echa el aceite de coco y desmenuza la masa en trozos mayores que un guisante. Tiene que parecer gravilla. También puedes pasarla por el robot de cocina y dejarlo rular hasta que tenga esa consistencia.

3 Vierte el aceite de oliva y 2 cucharadas de leche de almendra y remueve todo con un tenedor hasta que quede una pasta rugosa. Si se ve seca, agrega otra cucharada de leche. Ahora la presión: aprieta la masa de modo que quede homogénea y suba por los bordes de la fuente. Ya sabes cómo tiene que quedar. (A estas alturas ya puedes ir metiéndola en el frigo si vas a hornearla luego o ponerte a la tarea directamente. Tú verás.)

4 Cubre la masa con aluminio y echa encima un puñado de legumbres secas que no tengas pensado comerte. Te parecerá un poco rarito, pero es para que la masa se quede donde debe durante la cocción. Fíate del sistema. Mete en el horno 12 minutos, saca y aparta el aluminio y las legumbres. Vuelve a meterla en el horno hasta que la parte de abajo parezca hecha y los bordes estén dorados (otros 12-15 minutos). Deja enfriar mientras haces el relleno.

5 Prepara el relleno de natilla: introduce en una olla mediana la maicena, el azúcar y la sal. Ve incorporando poco a poco unos ⅔ de taza de leche de coco, asegurándote de que no queden grumos. Cuando se disuelva toda la maicena, vierte la leche de coco restante y de almendra restantes y el extracto de vainilla.

* *Puedes usar harina de trigo integral para repostería, harina normal o una combinación de ambas. Todo vale.*

** *Lo suyo es que el aceite no se quede muy líquido y se funda. Tiene que parecer leche y tener una consistencia como de mantequilla a temperatura ambiente. Si hace calor en tu casa, mételo en el frigo uno o dos minutos para que se enfríe.*

6 Pon la olla a fuego medio-alto y sigue removiendo hasta que la mezcla burbujee y tengas la sensación de que se espesa y adquiere una textura como de *gravy* (unos 5 minutos). Es hora de bajar a fuego medio-bajo y coger una espátula de madera. Deja la olla a fuego muy bajo y no dejes de raspar el fondo y los lados con la espátula para que no se te quede pellejo de natillas, que es asqueroso. Sigue así entre 7 y 10 minutos o hasta que hundas el dedo, lo saques y el hueco que hayas dejado conserve su forma un par de segundos. No es muy fino, pero funciona que te cagas.

7 La base de la tarta ya debería de estar fría al tacto. Corta el plátano en rodajas no más gruesas de 1,25 cm. Cubre la base con las rodajas, que no quede un puto hueco. Y por los lados, ¡VENGA PLÁTANO! A continuación vierte las natillas calientes sobre la masa aplatanada. Cubre y mete en el frigo un mínimo de 3 horas.

8 Cuando las natillas se hayan enfriado y asentado, extiende una tanda de nata montada por encima y sirve. Es mejor comerse esta tarta en un máximo de tres días porque no te puedes fiar de que los plátanos aguanten el tipo mucho más tiempo.

¿COMIDA AL SUELO?
HOY TOCA FREGONETI.

gracias

M. D.: Gracias a mi familia por no llevarme al hospital cuando les dije que me había vuelto viral; a V. J. y Rebecca, que siempre están dispuestos a arremangarse en la cocina; a Nick, que lo da todo siempre con sus cenas bufés y todas sus recetas nuevas; a Mike, por guardarme las espaldas en el salto; a Seth y Amber, que siempre me dicen que tenga sueños más fantásticos todavía; a Alex, por toda su fe; y a Jade, que sé que siempre sabe apreciar una buena historia de superación. Gracias también a todos los cabrones con los que trabajo en las tiendas de San Diego y L. A. Esta peña siempre prueba toda mi comida, me hace reír y evita que se me vaya la puta pinza. Sin vosotros, le habría pegado fuego a todo. Y por último, pero no por ello menos importante, a la peña de Internet: lo habéis conseguido vosotros, yo sólo he ayudado.

M. H.: Gracias a mi familia por todas las comidas que hemos compartido, fueran ricas, asquerosas o cutres; a Baltasar, por apoyarme y comprender este mi segundo trabajo; a DeVoll, por enseñarme que la educación no termina en el instituto; a Jen, por estar siempre dispuesta a hacer una pausa y charlar de comida; a Brian y Patrick, por las risas a altas horas; a Amir y Channing, por toda la movida de indagar en uno mismo; a los Harrison, por dejarme quedarme siempre a cenar; y al cabrón más cabrón que conozco, Phoenix, por su inspiración infinita. Entre todos habéis conseguido que no deje de sonreír y no pierda la cabeza en ningún momento. Y a la peña de Internet, realmente el mejor invento después del pan de molde. Este libro no habría sido posible sin todo el cariño y el apoyo de un puñado de desconocidos.

Y por supuesto nada de esto habría sido posible sin la peña de la editorial Rodale: Alex, Kara, Mary Ann, Kristin, Yelena, Aly, Brent y Nancy; Lauren, Richard y Kim de Inkwell; y Sally de Stroock. Así como Scott Horne, Richard Villalobos y el señor Nick Wagner. Gracias por compartir vuestro cariño y vuestro apoyo con un par de don nadies con un blog.

Las referencias a páginas subrayadas remiten a recuadros. Las **negritas** remiten a fotografías. Somos unos putos detallistas, ¿qué pasa?

C

D

E

F

G

H

calle
comida
tacos
fresco
fruta